乾隆帝陵
大 清 陵 墓 解 密

徐广源 著

辽宁人民出版社

© 徐广源 2023

图书在版编目（CIP）数据

乾隆帝陵：大清陵墓解密 / 徐广源著 . —沈阳：辽宁人民出版社，2023.4
（皇陵探秘系列）
ISBN 978-7-205-10647-8

Ⅰ.①乾… Ⅱ.①徐… Ⅲ.①乾隆帝（1711—1799）—陵墓—研究 Ⅳ.① K928.76

中国版本图书馆 CIP 数据核字（2022）第 218716 号

出版发行：辽宁人民出版社
　　　　　地址：沈阳市和平区十一纬路 25 号　邮编：110003
　　　　　电话：024-23284191（发行部）　024-23284304（办公室）
　　　　　http：//www.lnpph.com.cn
印　　刷：北京长宁印刷有限公司天津分公司
幅面尺寸：165mm×235mm
印　　张：20.5
字　　数：280 千字
出版时间：2023 年 4 月第 1 版
印刷时间：2023 年 4 月第 1 次印刷
责任编辑：赵维宁
封面设计：乐　翁
版式设计：一诺设计
责任校对：郑　佳
书　　号：ISBN 978-7-205-10647-8
定　　价：59.80 元

前　言

清朝是我国最后一个封建王朝，其陵寝制度史大致可分为三个阶段。

第一阶段为关外陵寝，属于初创阶段。这个阶段的陵寝，规模比较小，建筑规制比较低，在总体布局上，不分"前朝后寝"格局。福陵、昭陵具有防御性质。还有一些不符合常规的做法，比如：福、昭二陵的隆恩门高于隆恩殿；福陵的配殿五间超过了隆恩殿三间；昭陵陵院内建配楼；等等。关外陵寝经过了顺、康、雍、乾、嘉数朝的改建、扩建，原来的建筑规制发生了很大的改变，变成了积累性质的建筑。

第二阶段是从顺治帝的孝陵到嘉庆帝的昌陵，属于成熟阶段。清朝入关以后，摒弃了关外陵寝的模式，效法明十三陵的规制。无论是陵园的总体布局，还是每座陵的规制，都以明十三陵为蓝本，但也不是生搬硬套地全部照抄，也有许多的改革和创新，比如：建皇后陵；皇后陵和妃园寝建在本朝皇帝陵旁，每朝陵寝形成一个独立的区域；不仅首陵建带华表的圣德神功碑及碑亭、石像生，非首陵也建圣德神功碑及碑亭、石像生；设置神道碑亭；等等。这些改革和创新形成了清陵的特点。从孝陵到昌陵属于规模大、制度完善的成熟阶段。

第三阶段从道光帝的慕陵到光绪帝的崇陵，属于收缩衰落阶段。主要原因是清朝国力逐渐衰落，"大清国"江河日下，国库空虚。收缩主要体现在皇帝陵不再建圣德神功碑及碑亭，不再设置石像生，裁撤了隆恩殿周围的石栏杆，五孔拱桥越来越小，建筑序列越来越短。

乾隆帝是清朝入关后的第四个皇帝，乾隆时期正处于清朝的鼎盛时期，国家强盛，财力雄厚，再加上乾隆皇帝博学多才，追求完美，所以乾隆皇帝的裕陵规模宏大，制度完备，工艺精美，多有创新，在清陵中堪为上乘，裕陵以后的清陵没有能望其项背的。裕陵是清朝皇帝陵中的杰出代表。

本书从选址、规制、创新、内葬人物、有关的故事、地宫的开启、清理情况等多方面对裕陵进行了全面解读，融进了许多新内容、新观点、新成果，是迄今为止研究裕陵的最新之作。

在撰写本书时，天津大学建筑学院的王其亨教授、故宫博物院专家林姝女士、中国政法大学法律史学研究院副院长林乾教授、首都图书馆的石海滨先生、北京园寝调查保护团队的张元哲先生、贾嘉先生以及清陵爱好者孙衍松先生、张大宇先生、聂斌先生、景颐先生等无偿地支援了我许多图纸和照片，为本书增色不少。我的好朋友冯建明、李宏杰、张晓辉、付琦、王志阁、张瑜、张宇都为本书给予了极大的关心和帮助。在此谨向以上师友表示衷心的感谢！

在这里申明一点，因本书属于历史普及性读物，为便于广大读者理解，皇帝的谕旨、档案的原话，都没有引用原文，有的舍去未用，有的翻译成了现代白话文。

受知识面和写作水平的限制，加上档案史料的缺失不全，关于裕陵我还有一些疑问未能解开，书中的一些观点、提法属于个人观点不一定都完全正确，错句、错字肯定难免，恳请广大读者不吝赐教，给予批评指正，以便使我提高。

徐广源

2022年9月9日

目　录

前　言 // 001

第一章　陵寝的基本情况 // 001

　　中国历史上陵寝的发展轨迹 // 002

　　清朝陵寝纵览 // 006

　　清东陵综述 // 008

　　裕陵概况 // 013

第二章　乾隆帝是怎样选择自己的陵址的 // 015

　　是谁先提出要给乾隆帝选陵址的 // 016

　　都选了哪些吉地 // 019

　　最后定在东陵胜水峪 // 022

　　因要改吉地，进爱被革职流放 // 025

　　"乾隆点穴"的故事 // 028

　　遵化州升为直隶州的内情 // 032

第三章　陵寝的营建 // 035

承修大臣和最初的设计方案 // 036

裕陵的破土、兴工和完工 // 042

裕陵的命名 // 046

裕陵的最后规制 // 048

第四章　裕陵的首创和特色 // 059

儿子给父亲写碑文 // 060

开创石像生的一代新风 // 063

首创清皇陵建牌楼门 // 066

独具特色的掩映口 // 068

首创拱桥两侧对称建平桥 // 070

首创皇帝陵建佛楼 // 072

清陵中唯一的三路一孔拱桥 // 074

里程碑式的石五供 // 076

美轮美奂的石雕艺术宝库——地宫 // 078

完善的砂山体系 // 081

完备的排水系统 // 084

优质的石料 // 086

第五章　裕陵的神牌位次、宝座位次、仪树 // 087

神牌位次 // 088

宝座位次 // 089

仪树 // 090

第六章 解读地宫 // 093

九券四门是指哪些券 // 094

"八大菩萨"都是哪些菩萨 // 097

"四大天王"有什么法力 // 102

"三十五佛"在哪里 // 104

八个石方座有什么用 // 106

八宝有什么含义 // 110

五欲供的寓意是什么 // 112

奇特的乾隆帝的内棺 // 114

裕陵有两个方向 // 116

裕陵地宫里共雕了多少佛像 // 120

第七章 陈设、尊藏 // 123

陈设 // 124

东暖阁的藏品 // 128

第八章 乾隆帝的随葬品 // 135

乾隆帝的随葬品 // 136

第九章　在裕陵发生的故事 // 141

曾想将裕陵所有殿堂地面用花斑石铺墁 // 142

裕陵地宫曾出现过渗水 // 144

那拉皇后和淑嘉皇贵妃生前曾两次进入过裕陵地宫 // 147

隆恩殿的三次重修 // 150

铜瓦钉帽被窃案 // 157

提前演练乾隆帝棺椁葬入地宫 // 160

户部尚书兼军机大臣到裕陵当拜唐阿 // 162

裕陵末任翼长阿和轩 // 167

帝后妃五人殓一棺 // 170

第十章　内葬人物 // 173

掌实权时间最长的皇帝——乾隆帝 // 174

一代贤后——孝贤皇后 // 177

死后被追赠的孝仪皇后 // 180

使女出身的慧贤皇贵妃 // 182

没有福分的哲悯皇贵妃 // 184

朝鲜女人淑嘉皇贵妃 // 185

第十一章　内葬人物的故事和传说 // 187

乾隆帝为什么不想称"祖" // 188

乾隆帝生前作的最后一首诗 // 190

乾隆帝有 36 颗牙齿 // 193

孝贤皇后生前请谥 // 195

孝贤皇后为皇帝侍疾百日 // 199

孝仪皇后的棺位在乾隆帝之西 // 201

乾隆帝杀了慧贤皇贵妃的弟弟和侄子 // 205

第十二章　裕陵的管理机构和保卫机构 // 213

最初派的守护大臣和官员 // 214

清陵的机构 // 216

裕陵内务府 // 217

裕陵礼部 // 225

裕陵八旗 // 231

东陵工部 // 236

马兰镇绿营 // 239

第十三章　裕陵的祭祀及有关礼仪 // 245

清陵祭祀概述 // 246

祭品样色 // 248

请送神牌的礼仪 // 254

第十四章　开启裕陵地宫 // 255

一个大胆的想法 // 256

谢久增一波三折的艰难"上书" // 259

文物局长暗访清东陵 // 263

第十五章　揭开清朝皇帝陵地宫的神秘面纱 // 267

千斤顶顶开了石门 // 268

为什么两次顶住地宫石门的都是乾隆帝的棺椁 // 271

怎样清理的裕陵地宫 // 273

从地宫清理出了哪些珍宝 // 285

裕陵地宫内的石柱是建陵时原有的吗 // 288

裕陵及地宫初次开放时的盛况 // 291

第十六章　未解之谜 // 295

裕陵飘香 // 296

为什么不遵乾隆帝遗嘱建圣德神功碑亭 // 297

圣德神功碑亭为什么不在中轴线上 // 300

孝仪皇后的尸体为什么153年不腐烂 // 302

棺椁为什么会移动 // 308

龙山石是何时镞上的 // 310

裕陵地宫为什么渗水 // 312

经文、佛像之谜 // 313

是否地宫里的所有佛像都要开光 // 315

第一章 陵寝的基本情况

在字典里,"陵"字就是"大土山"的意思。因为有钱有势人的坟头非常高大,如同山一样,所以就称这些高大坟头为"陵"。慢慢地,"陵"就成了皇帝坟墓的专用词。其他任何人的坟头都不能超越皇帝的坟头,更不能称"陵"。后来就形成了制度,只有皇帝、皇后的墓才能称"陵"。这就是"陵"的来源。

中国历史上陵寝的发展轨迹

中华民族有五千年的历史。太古时代，人死后，弃尸于野外，任鸟兽虫蚁食之。在商和西周时期，人埋葬后，地面上不堆筑坟头，不栽树木，地的表面不留任何痕迹，古书上称这种葬法为"不封不树"。为什么要这样做呢？因为当时还没有祭祀先人的理念和做法。还可能是因为不想让人找到墓穴的准确位置，以免被盗。

为什么把帝王的墓称"陵"呢？

秦始皇陵高大的封土，如同高山一样

到了春秋后期，才开始出现坟头。到了战国时期，堆土为坟的现象普遍出现。当时人们认为坟头的高矮、大小，是死者尊卑、贵贱、有无权势的象征和表现，也是其后人发迹或衰落的表征。战国时期之后，在这种理念的支配下，坟头堆得越来越高大。堆筑高大的坟头需要巨大的人力、物力、财力，这对于连生存都难以维持的平民百姓来说谈何容易！只有那些有钱有势的高官贵族，特别是皇帝、王公才能做到。于是这些人不惜花费大量的民脂民膏，役使成千上万的百姓，拼命地将坟头堆得高大无比。据史料记载，秦始皇的坟头当时竟有115米之高。一般的国君的坟头也有几十米高。

在字典里，"陵"字就是"大土山"的意思。因为这些有钱有势人的坟头非常高大，如同山一样，所以就称这些高大坟头为"陵"。俗话说"富贵莫如帝王家"。一国之中，只有皇帝、王公最富有，最有权势，所以他们的坟头最高大，也就最有资格称"陵"。慢慢地，"陵"就成了皇帝坟墓的专用词。其他任何人的坟头都不能超越皇帝的坟头，更不能称"陵"。后来就形成了制度，只有皇帝、皇后的墓才能称"陵"。这就是"陵"的来源。

秦汉时期，坟头多为覆斗形，即立体几何中的四棱台形。

唐朝，多因山为陵。所谓因山为陵，就是以自然山为坟头，在山腰处开凿山洞，将棺椁葬入其中，然后封堵洞口。当然唐初仍有少数坟头为覆斗形。

唐以后到元以前，这一时期坟头形状比较杂乱，没有比较统一的形式。

元朝皇帝死后采取深埋于地下，地面上不留任何痕迹的做法，至

乾隆帝陵：大清陵墓解密

唐乾陵复原示意图

今尚未发现元朝的陵墓。

中国封建社会的陵寝制度到了明朝，出现了一个与以往历朝陵寝制度完全不同的崭新的陵寝制度。明朝的新陵寝制度是由朱元璋创建的，并首先实施于他的孝陵。朱元璋对历朝皇陵制度主要做了以下几项重大改革：

今明孝陵的方城和明楼（聂斌 摄影）

第一，按照"前朝后寝"格局，将以前历朝的方形陵院改为前后多进院落，平面呈前方后圆形式，更加突出了享殿的地位。

第二，将坟

第一章 陵寝的基本情况

明长陵鸟瞰

头由覆斗形改为圆形,称宝顶。圆形宝顶不仅有利于封土不流失,同时更接近于山形,易于堆筑和修理。据专家分析考证,这一改革,很可能受长江流域"无方坟之习"的影响。南朝的许多皇帝陵的封土就是圆形的。

第三,取消了下宫即寝殿,取消了陵寝的宫人日常侍奉饮食起居的做法,正如顾炎武所说的"明代之制,无车马,无宫人,不起居,不进奉"。

第四,依山而建。更加注重风水,注重陵寝周围山川的陪护。

纵观两千多年的中国陵寝制度,先后出现了三个辉煌时期。第一个辉煌时期为秦汉时期,这一时期以秦始皇陵为代表。第二个辉煌时期是唐朝,这个时期以唐太宗李世民的昭陵为代表。第三个辉煌时期即明清时期,这一时期,明朝的陵墓以明成祖的长陵为代表,清朝以顺治帝的孝陵为代表。

清朝陵寝纵览

清朝入关以后，其陵寝仿学明十三陵制度，并在其基础上又有所改革和创新，从而使这一时期的陵寝制度达到了极致。

清朝陵寝从宏观上分，有三处：一处在今辽宁省，称盛京三陵，也称关外三陵、清初三陵；第二处是关内的今河北省遵化市的清东陵；第三处是今河北省易县的清西陵。因盛京三陵永陵、福陵和昭陵分布在三

鸟瞰福陵（景颐 摄影）

个地方，所以如果细分，清陵又可分为五处，即辽宁省新宾满族自治县的永陵、沈阳市东郊的福陵、沈阳市北郊的昭陵、河北省遵化市的清东陵和河北省易县的清西陵。

盛京三陵属于初创时期。从关内的清东陵和清西陵开始，清朝陵墓形式开始效仿明十三陵。清朝的三处皇家陵寝，每处外围都建有大量的陪葬墓。

清朝陵寝中，有皇帝陵12座，即永陵、福陵、昭陵、孝陵、景陵、泰陵、裕陵、昌陵、慕陵、定陵、惠陵、崇陵；皇后陵7座，即昭西陵、孝东陵、泰东陵、昌西陵、慕东陵、普祥峪定东陵（慈安陵）、菩陀峪定东陵（慈禧陵）；妃园寝10座，即福陵妃园寝、昭陵妃园寝、景陵皇贵妃园寝、景陵妃园寝、泰陵妃园寝、裕陵妃园寝、昌陵妃园寝、定陵妃园寝、惠陵妃园寝、崇陵妃园寝。清陵总共有29座陵寝。

清东陵综述

清东陵是清朝在关内开辟的第一座皇家陵园，也是清朝规模最大、葬人最多、布局最规整的皇家陵园。

清东陵位于今河北省遵化市马兰峪以西的昌瑞山一带。自康熙二年（1663）二月十五日首建孝陵起，到光绪三十四年（1908）十月重修慈禧陵全工告竣，在近两个半世纪里，先后建起了帝、后、妃陵寝14座。

清东陵陵园

5座皇帝陵是顺治帝的孝陵、康熙帝的景陵、乾隆帝的裕陵、咸丰帝的定陵、同治帝的惠陵；4座皇后陵是孝庄皇后的昭西陵、孝惠皇后的孝东陵、孝贞皇后的普祥峪定东陵（慈安陵）、孝钦皇后的菩陀峪定东陵（慈禧陵）；5座妃园寝是景陵皇贵妃园寝（俗称"双妃园寝"）、景陵妃园寝、裕陵妃园寝、定陵妃园寝、惠陵妃园寝。

从康熙二年（1663）六月初六日顺治帝、孝康章皇后、孝献皇后葬入孝陵起，到1935年敬懿皇贵妃、荣惠皇贵妃葬入惠陵妃园寝止，历时272年，共葬有5位皇帝、15位皇后、14位皇贵妃、8位贵妃、28位妃、18位嫔、22位贵人、16位常在、9位答应、4位福晋、17位格格、1位皇子，共计157人。在陵园的外围还建有众多的陪葬墓。

清东陵陵园总面积约2500平方千米，分"前圈"和"后龙"两部分。其间以昌瑞山为界，山以南是"前圈"，为陵寝所在之地；山之北是"后龙"，属于陵寝的风水禁区。

当年清东陵的设计大师们，严格遵照"典礼之规制，配合山川之形

昌瑞山以南的"前圈"

势"的理念，巧妙地将陵寝建筑的人文美与山川形胜的自然美有机地结合起来，互相借势，相得益彰。昌瑞山以南的"前圈"，四面环山，中间是48平方千米的平坦之地。

陵园东面的雁飞岭　　　　　　　　　陵园西面的黄花山

陵园东面的雁飞岭，千岩错落，文笔插天，势尽西朝，山峰均向西面倾斜，俨然是陵园的左辅。陵园西面的黄花山，层峦飞翠，叠嶂腾辉，势皆东向，山峰均向东面倾斜，宛如陵园的右弼。高大雄峻的天台山、象山、烟墩山横亘于陵园之南，这些山的山峰又都向北倾斜。陵园东侧，魏进河、马兰河从北向南流淌。陵园西面的大沙河和西大河从北向南而流，整个陵园恰巧形成了万山拱卫、众水夹流之势。这天然的形势，加重了皇陵的神秘色彩和神圣不可侵犯的气氛，与庄严肃穆的皇家陵园保持了高度的和谐统一。

昌瑞山、影壁山、金星山都是天然形成。三座山正好处于一条直线之上。顺治帝的孝陵位于昌瑞山主峰之下，处于全陵园最为尊贵的位置。孝陵背靠昌瑞山，远对金星山，近前有影壁山，孝陵的数十座形

第一章 陵寝的基本情况

制各异的建筑物疏密有致、高低错落地排列在这三山的连线上，由一条长达6千米的砖石神路贯穿起来，形成了陵园的中轴线。沿着孝陵神路北行，处处生辉，步移景换，神路上的一系列建筑物在空间序列的展开层次上，处处得到山川形势的映衬和烘托，产生了极富感染力的空间艺术效果。

孝陵居中，其他陵寝在孝陵两侧各依山势东西排列开来，体现了居中而尊的传统理念。

清东陵的总体构图是以陵寝为主体，以昌瑞山为背景，以陵前的松柏、河流为近景。古代的艺术大师们成功地运用了我国造园艺术中的"借景"手法，把陵园东、西、北三

陵园东南的众山

陵园以南的兴隆口和象山

陵园以南的象山、天台山、葛山

面的嵯峨雄奇的远山"借"来，作为画面中的远景来陪衬，甚至把蓝天白云也纳入画面之中。当我们站在金星山上眺望整个陵园时，一幅绚丽多彩的画面展现在我们的眼前：只见锦屏般的昌瑞山下，殿阁峥嵘，金碧辉煌；古松古柏，苍翠欲滴；日照阔野，紫霭飘渺；碧波流缓，斗折蛇行；上有蓝天白云相衬，远有群山围护。景物

孝陵神路是清东陵陵园的中轴线

天成，水乳交融，浑然一体，真可谓"纷郁丽九光之霞，郁葱萃万年之秀"，不得不赞佩我国古代的艺术大师超人的聪明睿智和卓越的创造才能。

清东陵是山川形胜的自然美与古建筑的人文美水乳交融、有机结合的杰出典范。清东陵气势恢宏，博大精深，诚为人世间难以寻觅的胜地，不可多得的绝佳美景。

在昌瑞山上看清东陵陵园

第一章　陵寝的基本情况

裕陵概况

裕陵是清朝入关后第四个皇帝乾隆帝弘历的陵寝,位于孝陵以西的胜水峪。

裕陵始建于乾隆八年（1743）二月初十日丑时,乾隆帝龙飞九五,登上皇帝宝座以后,承父祖之余烈,励精图治,奋发图强,使清王朝达到了极盛。建陵之时正值"乾隆盛世",当时天下太平,国富民安,财力雄厚,加之乾隆帝好大喜功,力求完美,因此裕陵可用"规模巨大、制度崇宏、工精料美、多有创新"这四句话来概括。裕陵在清朝皇帝陵中堪属上乘。

俯视裕陵

"裕陵"这个陵名是嘉庆四年（1799）三月初八日由嘉庆帝确定的。明楼、隆恩殿、隆恩门的斗匾是在嘉庆四年（1799）九月初五日遣官悬挂的。

在裕陵地宫里,除了乾隆帝,还有孝贤纯皇后、孝仪纯皇后、慧贤皇贵妃、哲悯皇贵妃、淑嘉皇贵妃,共计6人。

乾隆帝陵：大清陵墓解密

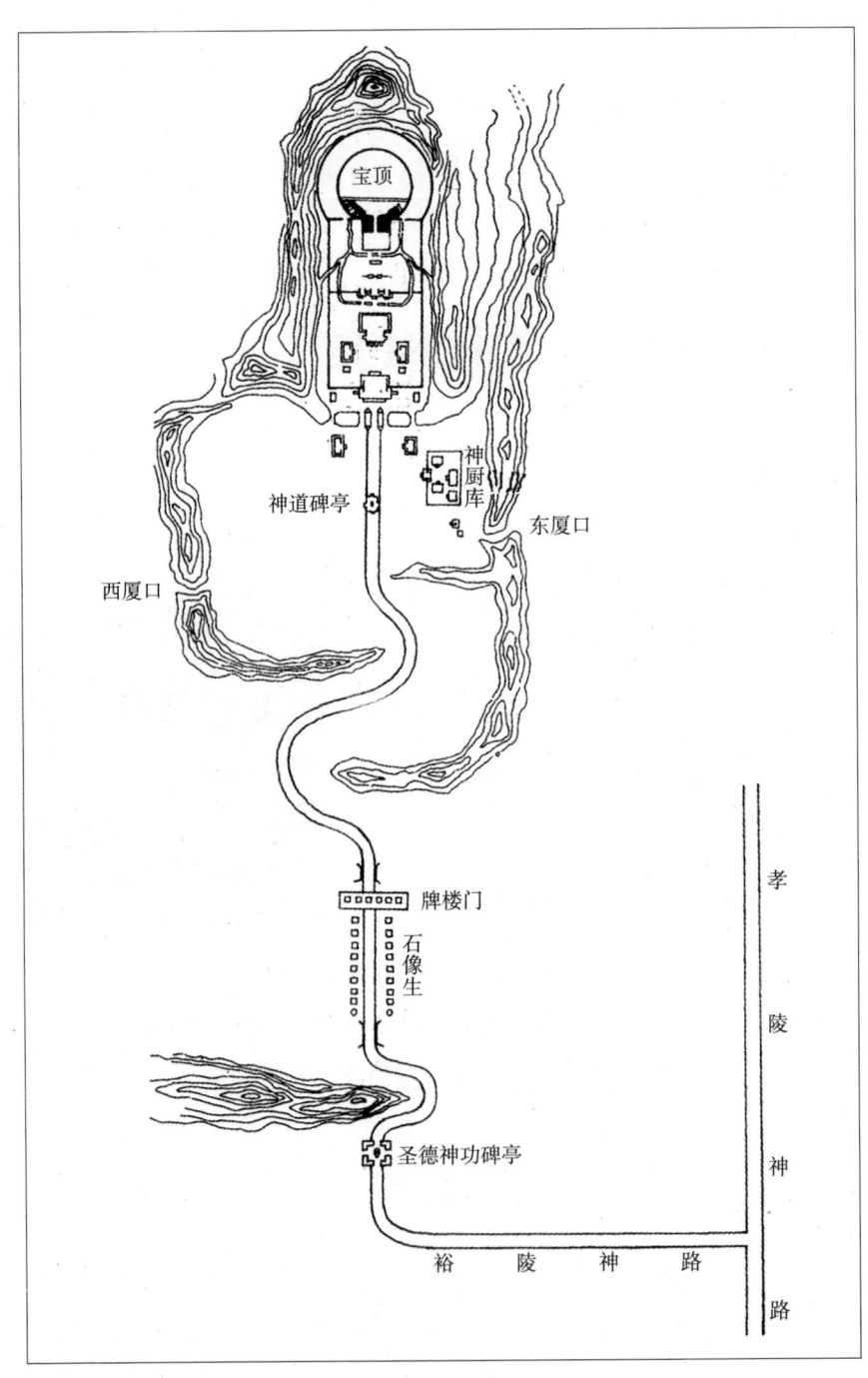

裕陵平面示意图

第二章 乾隆帝是怎样选择自己的陵址的

乾隆帝认为选地、建陵关系重大,不能草率,因而采取了十分审慎的态度。当时选择万年吉地的范围很广,东至永平,西至保定沿山一带,涉及丰润、迁安、遵化、三河、涞水、易州、密云等多个州县,总之都是在京畿附近。

乾隆帝陵：大清陵墓解密

是谁先提出要给乾隆帝选陵址的

　　清朝以前历代王朝的皇帝陵多数都是在皇帝即位后就开始选陵址，建陵寝。当然有的王朝的皇帝陵是在皇帝死后才选址建陵的，比如宋朝皇帝生前不建陵，皇帝死后才建陵，七个月后入葬。明朝的皇帝陵中，除了孝陵、长陵、永陵、定陵是皇帝生前建的外，其他14座明陵都是在皇帝死后营建的。

　　清朝皇帝基本上是在登极后不久就选地建陵，但也有特殊情况。比如，入关以前的清太祖弩尔哈齐（为方便读者阅读，以下都称之为努尔哈赤）和清太宗皇太极都是死后建的陵，入关后的顺治帝、同治帝、光绪帝也是死后建的陵。真正在生前建陵的只有康熙帝、雍正帝、乾隆帝、嘉庆帝、道光帝、咸丰帝。

　　在民间有新皇帝即位后就开始建陵的说法。对于这种说法不能机械地理解为当上皇帝的那一天就要建陵。新皇帝即位后首先急着要办理的就是老皇帝的丧事和入葬，一般要一两年或更长时间。另外，新皇帝即位后，会有许多重大事件要处理，如调整班底，稳定自己的统

第二章　乾隆帝是怎样选择自己的陵址的

鸟瞰雍正帝的泰陵

治，修缮油饰先帝陵寝。所以这些生前建的陵往往要在新皇帝登极后的一两年或两三年才开始相度陵址，营建陵寝。

乾隆帝即位后首先要办理其皇父雍正帝的丧事，同时加紧营建泰陵工程。雍正帝的泰陵虽然是在雍正帝生前营建的，但是到他驾崩时，陵寝还没有完工，于是乾隆帝在雍正十三年（1735）八月二十九日又增派恒亲王弘晊前往工地督修泰陵工程，经过一年的紧张施工，到乾隆元年（1736）九月十六日全部竣工。雍正帝是于乾隆二年（1737）三月初二日辰时葬入泰陵地宫的。到了这时，乾隆帝和满朝文武大臣们才轻松下来。

清朝，从雍正朝开始把皇帝、皇太后的陵址称为"万年吉地"，有时简称"吉地"。为了区别是哪个陵的陵址，在"万年吉地"的前面往往加上陵址的地名。因为乾隆帝的陵址选在东陵的胜水峪，所以就称"胜水峪万年吉地"。建陵指挥机构称"胜水峪万年吉地工程处"或"钦差总理胜水峪万年吉地工程处"。

到了乾隆三年（1738），清朝处于相对平稳正常时期。乾隆三年（1738）二月十八日，讷亲和海望给乾隆帝上了一道奏折，要求皇帝选择万年吉地，准备建陵。

为什么他们俩要提出这个请求？他们俩当时身居何职？讷亲是清朝开国功臣额亦都的玄孙，一等果毅公，当时任议政大臣、领侍卫内大臣、军机大臣、兵部尚书、镶黄旗满洲都统。海望是正黄旗满洲，当时任议政大臣、军机大臣、户部尚书。两人都是朝廷重臣，深受皇帝的信任和重用。为皇帝选吉地、建陵寝在封建社会是国家的头等大事，他们俩自然要主动提出。

讷亲和海望在奏折中说的大致意思是：我国历史上自汉文帝生前建霸陵以来，皇帝都是即位后就营建陵寝，从唐朝到明朝都是这样做的。我大清的孝陵、景陵也都是遵照这个古制建的。（此说法明显不准确。）雍正三年（1725），礼部就请求皇帝派大臣相度吉地，择吉建陵，得到了雍正帝的钦准。我皇帝（指乾隆帝）即位以来，敬天法祖，事事按先帝做的先例办事。选择万年吉地是关系到国家和皇家兴衰成败的大事，因此恭请皇上命钦天监带领通晓风水的人员到各地敬选万年吉地。

乾隆帝当天就看到了这件奏折，批示道："知道了。"意思是我知道这件事了。实际上也就等于同意了。乾隆四年（1739）二月十九日，乾隆帝派讷亲等人前往直隶遵化州的马兰峪、永平府沿山一带开始相度万年吉地。

第二章 乾隆帝是怎样选择自己的陵址的

都选了哪些吉地

　　相度万年吉地，可是件非同寻常的大事，所派出的相度大臣必须是皇帝信任的，而且要学识渊博，懂得风水理论。乾隆帝本人就才华横溢，学富五车，眼里揉不得一点沙子，谁也不敢糊弄。所派的相度大臣主要有协办大学士礼部尚书三秦、果毅公讷亲、户部尚书海望、工部左侍郎王纮、钦天监监正明图。明图死后，由进爱代替。

　　为皇帝选择万年吉地的风水官都是当时全国有名的大师级风水家。在为乾隆帝相度万年吉地的风水官中，除了钦天监监正明图、进爱外，还有钦天监监副任择善，户部郎中董启祚、原任郎中洪文澜，礼部员外郎管志宁，钦天监博士齐克昌、钟志模，杭州织造伊拉齐，国子监司业塞尔登，天文生熊振鹏、傅梃及刘性生等。其中洪文澜、管志宁都是资历很深、影响很大的风水名家，曾经为雍正帝相度过万年吉地，同时也为一些王公、公主相度过园寝地址。比如康熙帝的皇十五子愉恪郡王允禑的园寝地址就是管志宁、洪文澜选择的。

　　乾隆三年（1738）开始为乾隆帝相度万年吉地的时候，雍正帝已经葬入了易县永宁山下的泰陵，从此清王朝在关内出现了西陵。

刚一开始选吉地的时候，乾隆帝对在什么地方选吉地、建陵寝并没有一个很成熟的想法，而是不论什么地方，只要风水好，是上吉佳壤就可以。所以大臣们在不同的地方选了多个吉地，供皇帝挑选、钦定。乾隆帝认为选地、建陵关系重大，不能草率，因而采取了十分审慎的态度。当时选择万年吉地的范围很广，东至永平，西至保定沿山一带，涉及丰润、迁安、遵化、三河、涞水、易州、密云等多个州县，总之都是在京畿附近。

为什么历朝历代的皇陵都建在京畿附近呢？主要原因有两点：一是距京城近，皇帝和钦派的王公祭陵方便；二是便于保护，因为京城兵力充足，防守力量强大，一旦皇陵有紧急情况，可以迅速支援。

为乾隆帝选陵址，现在已经知道选过的吉地有九凤朝阳山、董各庄、霍家庄、瑞麟山、万年峪、胜水峪等多处。这只是从已经披露的档案中知道的，实际上相度的范围很广，地方很多，上面提到的只是其中一部分而已。

九凤朝阳山，位于遵化州北，在相度雍正帝的万年吉地时，曾选中过这个地方。后来，因发现那里"规模虽大但形局未全，穴中之土又带砂石"而被放弃。这次为乾隆帝选万年吉地，又把九凤朝阳山列为备选吉地。相度大臣果毅公讷亲、工部左侍郎王纮到九凤朝阳山相度，一致认为那里的山形水势一无可取。当年曾经参与相度过九凤朝阳山吉地的已升任为员外郎的管志宁也认为不可用。所以这次九凤朝阳山再度落选。

董各庄，位于密云县。讷亲等在最初相度这个地方的时候，认为

九凤朝阳山（张志广　摄影）

这处的风水形势似属全美。后来又再去详细相度，发现董各庄堂局虽广，但局势紧促，砂水无情，认为不堪大用。后来，乾隆帝借去木兰秋狝路过，亲自到那里阅视了一次，也没有看中，因此放弃了董各庄。当初董各庄之所以能被这些满腹经纶的相度大臣和风水大师们看上，说那里风水形势全美，表明那里在山川形势上确实有可取之处，有一定的好风水，只是没有达到皇帝万年吉地的标准而已，但对于天潢贵胄、王公贵族来说还是难得的风水宝地。后来董各庄成了乾隆帝的皇长子永璜、皇三子永璋、皇五子永琪的园寝。

霍家庄，位于遵化州之东北，最终因山势粗浊、龙刚气粗、平阳水法不合而落选。

万年峪，位于孝陵以西，胜水峪以东，现在叫万年沟。那里属于昌瑞山右翼，虽属正龙，却无结穴，因而也未被选中。

瑞麟山，位于今易县东北金家庄北。钦天监监副任择善对那里的风水倍加赞赏，说那里罗城周密，万山拱卫，左有龙盘，右有虎踞，是一处风水宝地，于是奏请皇上派相度大臣率风水官前往相度。后来乾隆帝展谒西陵时，将易县境内的各备选吉地都亲自阅视了一遍，瑞麟山自然也在内，结果乾隆帝都不满意。

最后定在东陵胜水峪

随着时间的推移和相度吉地的进展情况，乾隆帝选址建陵的总体思路也渐渐明朗起来。

中国人素有"子随父葬"的理念和做法。雍正帝的泰陵在易州的西陵，所以乾隆帝曾经想把自己的陵建在西陵的泰陵附近。后来乾隆帝的想法又发生了变化，他想：我想子随父葬，把自己的陵建在父亲的泰陵附近。我的儿子也想"子随父葬"，把自己的陵建在父亲的陵旁。我的孙子也这样想，一代代都这样想，都这样做，长期这样下去，以后所有的陵就都建在了西陵，东陵就不会再建陵了。这样，对于东陵就越来越疏远、冷落了，就不能充分表达后代子孙对祖宗崇敬和爱慕的心意了。于是乾隆帝决定在东陵境内相度自己的万年吉地，将来把自己的陵建在东陵。

到了乾隆七年（1742）年初，万年吉地的事还没有确定下来，于是乾隆帝命保和殿大学士、首席军机大臣鄂尔泰会同相度大臣和风水官们共同商量这件事，提出最后的意见。鄂尔泰在雍正朝就是大学士，深受雍正帝的赏识和重用，到乾隆朝继续受皇帝信任和重用，可以说在当时是朝廷第一重臣。乾隆帝命他参与此事，可见对万年吉地何等重视！鄂尔泰了解了相度万年吉地的情况，听取了相度大臣和风水官们的意见。他们共同认为所有备选吉地中，唯有胜水峪最好。胜水峪位于孝陵西面，旁附祖陵，它的靠山属于昌瑞山的右翼。地理位置非常优越；从龙穴砂水方面讲，龙脉旺盛，砂水如法，坐向端秀，堂局宽阔，朝拱端严，诸吉咸备；从土质土色方面讲，土色纯正，土质细腻无砂，润而不泽，可以裁方截玉，称得上是上等佳壤。然而风水官董启祚却提出了胜水峪左边贴身界气之砂稍低的不足，虽然算不上大毛病，完全可以用人力培补，但毕竟是白璧微瑕、美中不足，胜水峪终究算不上十全十美、万全完备的上吉佳壤。基于此，相度大臣讷亲、海望要求到关外奉天一带再去相度万年吉地。因为他们认为奉天是清王朝的发祥之地，那里一定会有许多好的风水宝地。鄂尔泰把他所了解的情况、众人的意见、风水官董启祚提出的不足，以及讷亲、海望要求到奉天相度吉地的请求都向乾隆帝作了汇报，并请求皇上在展谒东陵时，亲自到胜水峪实地看一看。

这时乾隆帝为了平衡东陵、西陵两陵的关系，已经决定在东陵境内选吉地、建陵寝，所以对于讷亲、海望要求去奉天相度吉地的奏请没有同意。乾隆帝对鄂尔泰等大臣当面讲了为了平衡东陵、西陵的关系，决定在东陵选吉地、建陵寝的想法。鄂尔泰等人聆听了皇帝的一番宏论之后，非常折服，深感皇帝以大局为重，虑事周详，高明远大，自然也就不再要求去奉天相度万年吉地了。很快，在乾隆七年（1742）三月十七日（个别档案为十九日），相度大臣就接到了乾隆帝

鄂尔泰像　　　　　选定胜水峪为万年吉地的谕旨

的谕旨，将万年吉地定于胜水峪。其一应工料等物，著该部照例办理。什么时候动土兴工，等皇帝在谒陵之时，亲自到实地看后再降谕旨。

经过先后四年的相度，乾隆帝的万年吉地终于确定下来了——东陵的胜水峪。

第二章 乾隆帝是怎样选择自己的陵址的

因要改吉地，进爱被革职流放

在为乾隆帝相度万年吉地一事上，发生了钦天监监正进爱被革职流放的事。事情的经过大致如下。

钦天监是国家设置的负责观察天文气象、编制历书、选择吉期、相度地理位置的专门机构，最高长官为满汉监正各一人。相度皇帝的万年吉地自然是钦天监责无旁贷的本职工作。明图是雍正朝的钦天监监正，曾参与了相度雍正帝万年吉地的全过程，因卜择有功，受到过奖赏。乾隆帝即位后，明图又参与了乾隆帝万年吉地的相度，可惜明图在乾隆四年（1739）九月去世，于是钦天监监副进爱升任钦天监监正。进爱在相度吉地的过程中勤勤恳恳，任劳任怨，出力不小。他非常赞赏胜水峪的风水，曾极力向乾隆帝推荐胜水峪。当然相度大臣和其他风水官也持与他相同的观点。乾隆帝把万年吉地选定在胜水峪，与进爱的称赞和推荐不无关系。

后来在乾隆八年（1743）、九年（1744），进爱妄议朝政，到处胡说，受到过皇帝的斥责，革职留任，以观后效。未想到他怙恶不悛，在乾隆十年（1745）三月，他又违规滥收天文生，再度犯错，于是乾隆帝正式将进爱革职。到了乾隆十一年（1746）四月十六日，乾隆帝想到了已被革职一年多的进爱。乾隆帝说进爱是一个糊涂的人，气量也小，并不通晓天文，到处胡说，惑众视听，于是才将他革职。乾隆帝认为，这种不安分守己、不甘寂寞、到处胡言惑众的人，不应该留在京师，贻害地方，于是将进爱发配到甘肃省的庄浪，当八旗披甲兵，效力赎罪。

进爱，堂堂的国家钦天监监正，正五品，为选择万年吉地顶风冒雨，跋山涉水，经历了全过程。他在选择万年吉地方面没有功劳，也有苦劳，就因为这些错误，怎么会一下子丢了官又被发配呢？是不是乾隆帝太寡恩少义，不近人情了呢？还是其中另有隐情？

51年以后，即在嘉庆二年（1797）三月十五日，已经当上太上皇帝的乾隆帝发出了一道谕旨，披露了进爱丢官发配的另一个隐情。乾隆帝是这样说的：前些日子朕曾说今后各帝的万年吉地应当按昭穆次序分别在东陵、西陵界内建陵，不必再开辟新的陵园。有些风水术士们为了邀功得赏、标新立异，往往故意提出与众不同的观点。这种人的话最不可信。比如当年选择朕的万年吉地时，已经确定在东陵的胜水峪，可是进爱却突然强烈反对将万年吉地确定在胜水峪，极力主张到其他的地方重新相度。进爱的做法使朕大怒，朕才立刻将他治罪的。

进爱这个人一向轻浮好事，不安分守己，到处忽悠，已被皇帝讨厌。胜水峪被定为万年吉地，不仅是众多相度大臣、风水官的共同观点，而且乾隆帝也非常满意。将胜水峪定为万年吉地，既是大家的共识,也是乾隆帝的圣意,进爱却突然改变自己曾经一贯坚持的初衷,否定选址胜水峪,要求到其他地方重选,不仅表明了他的反复无常,而且也违抗了众意。最要命的是,他无视皇帝的圣意,明显是抗旨不遵。在封建社会,尤其是在皇权已达到极致的乾隆年间,乾隆帝岂能容忍这种人留在身边!于是将进爱的官职一撸到底,发配到远方披甲为奴,也就完全在情理之中了,这完全是进爱的咎由自取。

"乾隆点穴"的故事

点穴,其实就是确定地宫内金井的位置。金井是一陵的穴位,位于地宫金券内的正面棺床的正中心,是一个直径只有十几厘米的石孔。皇帝陵和皇后陵棺床上的这个石孔称为"金井",也有叫"金眼吉井"的。井内的土称为"原山吉土"或"吉土"。妃园寝地宫的石孔叫"气眼",里面的土叫"气土"。

在封建社会,金井是皇陵中神秘色彩最浓重的部位,关于金井有许多神奇古怪的传说。有的说,金井内的水奇寒透骨。棺椁悬于井内的水面之上,长期被奇寒奇冷的水气吸着,尸体就会经久不烂。还有的说,金井深不可测,下与海眼相通。无论是干旱无雨的春季,还是淫雨连绵的夏季,井水都不溢不竭、不升不降。种种说法,不一而足。金井真的这么神奇吗?非也。金井到底有什么用呢?

先从迷信角度来说,金井里和气眼里之所以要放入"原山吉土"和"气土",是因为古代人相信人死后有灵魂。而人死后灵魂之所以能纵横天地之间,完全靠的是"生气",而"生气"只有通过土才能

第二章 乾隆帝是怎样选择自己的陵址的

运行。也就是说，有土才有"生气"，有"生气"灵魂才能运行。因此，皇家在营建地宫时，并没有用巨石、夯土将地宫全部封闭，而是留有一个金井，金井内的原山吉土是死者与大地唯一能联系的通道。有了金井、原山吉土，"生气"就会存在，死者的灵魂就能通过金井往来于天地宇宙之间。实际上，这都是无稽之谈。

金井的真正价值和作用体现在陵寝的营建方面。

金井的实际作用是，它决定着全陵各建筑物的平面布局和各单体建筑地基的高低。营建陵寝的第一步必须先点陵穴，确定金井的位置。金井的位置确定了，地宫的位置也就确定了。地宫各券的位置确定了，宝城、方城、明楼的位置也就确定了。然后石五供、陵寝门、大殿、配殿、宫门、马槽沟、朝房、碑亭等的位置也就都能确定了。因为原山吉土的高度与陵寝各建筑的高度都有一定的比例关系，原山吉土的高度确定了，各建筑的水平高度也就能确定了。所以说，金井的位置和原山吉土的高度对于营建陵寝极为重要。

长期以来，由于传说的陵穴、金井的神奇作用，点穴就成了极为神秘的事了。在东陵一带，流传着乾隆帝亲自点陵穴的故事，大概情节是这样的：

陵址确定在胜水峪之后，下一步就要举行点穴典礼。乾隆帝决定亲自主持这一典礼。他提前五天就起驾离京，五天后住进了东陵的行宫。

乾隆帝学识渊博，才华横溢，对《易经》和堪舆学颇为精通。为了验看陵穴点得准不准，在举行点穴典礼的前一天晚上，他换上便装，带着几名贴身侍卫和太监，秘密地溜出了行宫，不消半个时辰就到了胜水峪。只见那里芳草萋萋，野花馥郁，流水潺潺，清澈见底。北望，王气葱郁，龙脉绵延；南望，一马平川，朝山金星山高耸云天；验土质，颜色纯正，细腻无沙。整个山川形势，朝对端严，罗城周密。胜水峪确实称得上难得的上吉佳壤。乾隆帝暗自高兴，佩服风水官的眼力。他在胜水峪转来转去，东瞅西看，南观北眺，最后站在一处，从怀中掏出一只玉扳指，孔朝上，埋进了土里，然后把手一挥，返回了行宫。

第二天清晨，法驾卤簿全设，乾隆帝身穿礼服，坐着十六人抬的大轿，在文武百官和侍卫、太监的簇拥和保护下来到胜水峪，端坐在高台正中的宝座之上。大臣、侍卫、太监分列两侧，场面十分隆重气派。

今天的点穴官是经验丰富的钦天监监正洪某。他精通风水，当差多年，深受皇帝的赏识，虽然已年过花甲，由于当差认真，没有出过差错，所以仍担任着钦天监监正之职。他多次点过墓穴，每次都点得很准，但像今天这样，在皇帝的面前，众目睽睽之下点穴，还是头一回。他深知皇上精通风水，眼里揉不得半点沙子，稍有差错，那可了不得，轻则罢官，重则砍头，因此他这次格外谨慎小心。典仪官高声宣布："点穴吉时到。"洪某迈着稳健的步子，神情凝重地沿着吉地上的界桩和灰线走了两圈，从东到西，由南往北又走了两趟。他站在北头正中，抬头凝神望了望十多里远的金星山，转过身来，又端详了一番昌瑞山西侧的山峰，左右看了又看，前后瞧了又瞧，稍微移动了一下脚步。他闭目凝神想了想，手持金簪，神情庄重地把金簪毅然插入了土中。然后走到皇帝面前，恭恭敬敬地行了三跪九叩大礼，奏道：

第二章 乾隆帝是怎样选择自己的陵址的

"请皇上验看。"乾隆帝走下看台,来到插着金簪的地方,命侍卫用手轻轻扒开金簪周围的土,露出了埋在地下的玉扳指。只见金簪不偏不斜,正插在扳指的孔中。在场的大臣官员、侍卫、兵丁无不惊服,一齐跪倒山呼:"吾皇万岁!万岁!万万岁!"乾隆帝心中也着实佩服这位钦天监监正洪某的功力。跪在地上的洪某的那颗悬着的心一下子落了下来。乾隆帝回到看台,重赏了这位钦天监监正洪某。

其实,不仅选陵址是集体智慧的结晶,点陵穴也同样如此。穴位定在什么位置,要由相度大臣、风水官们多次到现场测量,共同会商,反复修改,最后才能确定位置。如此重大的事情怎么能让一个人单独承担呢?再者,皇帝也不会亲临点穴现场。上面的故事无非是在渲染点穴的神秘性,增加一些趣味性而已。实际上,这个故事纯属虚构,并无此事。

遵化州升为直隶州的内情

明清两朝为了加强对皇陵的管理，往往把皇陵所在地的政府级别和管理权升高。明朝在北京北面的昌平县境内建起了皇陵之后，便将昌平县升为昌平州。康熙二年（1663）遵化县境内的昌瑞山一带被划为皇家陵园，开始营建孝陵。御史程文彝上书皇帝，以"遵化县为陵寝重地，理宜加隆"，奏请仿明朝升昌平县为州之例，将遵化县升为州。康熙十五年（1676）十一月十九日，遵化县正式升为遵化州。泰陵自建在了易县之后，易县也升为直隶州。

遵化自建了孝陵之后，又先后建了景陵、景陵妃园寝、景陵皇贵妃园寝、孝东陵、昭西陵。到了乾隆八年（1743），乾隆帝的裕陵（当时称"胜水峪万年吉地"）又开工了。于是总理东陵三陵事务的康熙帝第二十二子允祜贝勒在乾隆八年（1743）五月初八日上书皇帝，奏请仿易州升直隶州之例，将遵化州升为直隶州，下辖玉田、丰润二县。三天后，乾隆帝看了允祜的奏折之后，对军机大臣们说："如果从方便办理事务的角度来讲，将遵化州升为直隶州还讲得通，但应该

第二章 乾隆帝是怎样选择自己的陵址的

孝陵前景

昭西陵（孙衍松 摄影）

033

申明孝陵、景陵都在遵化州境内,最近又把万年吉地选定在遵化州。以这个理由把遵化州升为直隶州还比较合理,不能只说因朕的万年吉地在遵化而申请升为直隶州。你们要把朕的这个意思告诉给直隶总督高斌,让他按这个理由奏请。所属二县是否合宜,让高斌好好考虑考虑,写入奏疏中。"乾隆帝还让军机大臣们将他的这个意思传给贝勒允祜知道。

乾隆帝身为皇帝,日理万机,但大臣们的每件奏折他都详细阅看,认真考虑,慎重处理,决不匆忙批示表态。就拿允祜要求把遵化州升为直隶州这件事来说,确实是件应办的事。如果遇到一个大大咧咧的皇帝,只会拿笔一挥:同意。可是乾隆帝想得很周到全面。如果只提因乾隆帝的万年吉地在遵化才将其升为直隶州,而孝陵、景陵等诸陵也在遵化的事实却一字不提,明显是对这几座陵内的先人不尊重,是轻视先人。而且提升地方行政区级别的事,按国家行政程序来说,也应该由直隶总督向皇帝提出方为正理。因此,乾隆帝让军机大臣把这件事交给直隶总督高斌办理,并让高斌再考虑一下遵化直隶州下辖二县是否合适。思路如此之清晰,处理事情如此之稳妥周密,实在令人佩服。

乾隆八年(1743)七月十一日,果然直隶总督高斌遵照皇帝的旨意,向朝廷写了一道奏疏,要求将遵化州升为直隶州。高斌是这样说的:"今遵化州拱卫三陵,复建万年吉地,请照易州之例,升为直隶州。"乾隆帝自然准奏,于是遵化州升为直隶州,辖丰润、玉田二县。

第三章 陵寝的营建

每座陵寝的建筑规制和布局必须与吉地所在的山川形势相结合,不能死板照抄照搬前朝陵寝。

承修大臣和最初的设计方案

陵址确定之后，紧接着就是营建陵寝。而营建陵寝的第一件事就是任命承修大臣。乾隆帝任命了哪些大臣为自己建陵呢？一共任命了六位承修大臣：

讷亲：首席承修大臣，当时任协办大学士、军机大臣、吏部尚书、镶黄旗满洲都统、领侍卫内大臣、一等果毅公。

哈达哈：工部尚书、镶红旗满洲都统、三等信勇公。

海望：户部尚书、军机大臣。

三和：署户部左侍郎。

阿尔衮：讷亲的弟弟，当时任户部右侍郎。

德尔敏：左副都御史。

与清朝早中期各陵的承修大臣相比，裕陵的承修大臣阵容还是比较强大的。清朝陵寝从咸丰帝的定陵开始，往往都派一两位亲王任承修大臣。

承修大臣确定之后，就要成立"胜水峪万年吉地工程处"，这是陵寝营建的总指挥部。工程处下设样式房、算房、印房、银库、工档房、京档房。

样式房里都是著名的建筑师，主要负责陵寝规制的设计、图纸的绘画、烫样的制作。我国清代著名的"样式雷"家族参与了清朝中后期各陵寝的设计，因世代在样式房工作，所以才有了"样式雷"的美称。算房主要负责建筑的工程做法，所用工料的计算。工程处的公章称关防，铜质、长方形，由国家专门颁发，由印房保管。银库就是专门保管工程用银的库房，设绿营兵专门看守。因为承修大臣都是朝廷重臣，兼有多项重要职务，不能长期驻守工地，多数时间都在京城，所以他们商量筹划陵寝工程事务多在京城进行，为了方便，于是就在京城成立了京档房。在陵寝工地设的档房就叫工次档房或工档房。

每座陵寝的建筑规制和布局必须与吉地所在的山川形势相配合，不能死板照抄照搬前朝陵寝。相度大臣和众风水官经过共同参酌，拟定胜水峪吉地的方向为壬山丙向，不是正南正北方向，偏西北东南方

朝山金星山

裕陵的朝山是金星山

向，朝山（照山）是金星山。金星山高大雄伟，状如倒扣的金钟，孤峰突起，端峙前方，与周围的山不相连，是非常理想的朝山。所以金星山是清朝入关第一帝顺治帝的孝陵朝山。这次裕陵又将金星山定为朝山。后来道光帝在宝华峪建的陵寝、同治帝的惠陵、惠陵妃园寝都将金星山作为朝山，可见金星山之理想、优秀。

陵寝破土兴工前必须由工程处先拟出具体准确的陵寝规制方案，做出工程做法。乾隆七年（1742）三月十七日将胜水峪定为万年吉地以后，承修大臣和风水官共同商量，拟定出了陵寝的规制方案，大致如下：

地宫之上建宝顶、宝城。前建方城、明楼。方城前设石五供。石五供的南面建二柱门。二柱门之南建陵寝门三座。陵寝门前有玉带河一道，桥上建小便桥三座。前院正中建隆恩殿一座，面阔五间；左右建东西配殿，各面阔五间。焚帛炉东西各一座。隆恩门一座，面阔五间。隆恩门前的马槽沟上建三路三孔拱桥。拱桥南面东西两侧建东朝房和西朝房，各面阔五间。东朝房后偏南建神厨库，内建神厨五间，南北神库各三间，省牲亭一座。以上四座建筑环以红墙，门朝西开。南墙外建井亭一座。两座朝房正中偏南建神道碑亭一座。碑亭前两侧各立下马牌一座。神道碑亭南221丈7尺（约739米）处建五孔拱桥一座。五孔拱桥南铺设303丈（约1010米）神路，拐向东南与孝陵神路相接。

熟悉裕陵的人一看就知道初步设计的陵寝规制与现在的裕陵有很大的不同，主要有以下几点：

方城前、石五供北没有玉带河及小便桥，后来增加了玉带河和便桥一座。

陵寝门前的玉带河上只是三座小便桥，后来改为三路一孔拱桥。

隆恩门前、马槽沟北左右没有东西值班房。到了乾隆三十五年（1770）二月，乾隆帝下令将陵寝所有木板的值班房改为砖石瓦结构的永久性建筑。

三路三孔拱桥两侧既没有平桥，也没有便桥。后来，在三路三孔拱桥两侧对称地各建了一座带栏板的三孔平桥和一孔小便桥。

未建六柱五间的牌楼门。

牌楼门北没有马槽沟及一孔拱桥。

没有石像生。

五孔拱桥南没有建圣德神功碑亭。在皇帝生前建陵是不建圣德神功碑亭的，只有在皇帝驾崩后，才能由嗣皇帝来建。所以这次所拟规制方案中没有圣德神功碑亭是应该的，正常的。

这就是说，裕陵的最初设计方案，在神道碑亭往南的神路上，除了有一座五孔拱桥之外，什么建筑也没有，十分简易。

因为所拟的陵寝规制中少了这么多建筑，所以，初步勘估，全陵共需工料银917671两，尚不到100万两。

无论帝后陵，还是妃园寝，在营建过程中修改、变更原来的设计方案是经常发生的，是非常正常的。这个变更包括对原来工程做法的改变、所用材料的改变、增加新的项目、减少原来的项目、对装饰方式的变化等多种情况。变更后的做法称为续估做法。其实不仅营建陵寝如此，所有工程包括平民百姓盖房都会经常发生变更原设计方案的事，这都是非常正常的。变更原估做法主要有以下几方面原因：

（一）在实际施工过程中发现原估做法不合理。这不仅包括出现了原估时意想不到的情况，也包括原估本身的不当。比如，在营建裕陵圣德神功碑亭时，原估做法是，头停苫被五层，提浆五遍，后来发现没有必要，所以改为苫被三层，提浆三遍；再比如，原估地脚下用的是长一丈的柏木桩，开槽时，发现地下多是山石，与土厚的平地不同，没有必要使用一丈长的柏木桩，于是改用七尺长的柏木钉。

（二）为使建筑更坚固，结构更科学合理。比如，拱桥的拱券式桥孔原来是砖券，为了坚固耐久，改为石券。

（三）使陵寝制度更加完善、实用。比如，三路三孔拱桥两侧各增建一座三孔平桥和一孔便桥，增加牌楼门、石像生等。

（四）使陵寝建筑更精美豪华。比如：从裕陵开始，香炉、花瓶、烛台的器体上都雕刻纹饰，或兽面纹，或万蝠流云图案；从裕陵石五供开始，炉顶、蜡烛都改用名贵的紫砂石雕刻；陵寝门前的玉带河上建三座小平桥改为三路三孔拱桥，栏杆两端用靠山龙。

（五）受工程经费紧张的影响。这种实例惠陵最典型，因为经费紧张，裁掉了石像生，取消了神路与孝陵相接的原设计。

（六）受皇帝、皇太后个人意志的影响。比如，地宫内增加经文佛像的雕刻，隆恩殿内增设佛楼。

（七）受某些大臣、设计师或风水官的影响。建筑规制、用料、装修等方面，并不是全由皇帝钦定的。通常先由大臣、设计师或风水官提出初步意见，然后由皇帝钦定。

（八）受山川、河流、地势、地质的影响。受地势影响，建筑位置、建筑布局可能有所改变。比如景陵神厨库远离东朝房，慈安陵神厨库与慈禧陵神厨库在一起。

裕陵的破土、兴工和完工

现在有许多人把破土和兴工看作一回事。实际上在古代，破土和兴工是两回事。破土，也称动土、取土、起土，比较简单。兴工也称开工、动工，是真正开始干活的日子。破土也好，动工也好，其日期都要经过钦天监选择，由皇帝钦定。

破土那天，典礼在工地的穴位处进行，在穴位处搭一个棚，钦派的大臣、承修大臣及相关人员行三跪九叩礼，然后在穴位处用银镐金铲掘土，将吉土用黄绫袋盛之，放入黄斗中，拴上木牌，注以文字说明。黄斗上盖着黄龙袱，置于黄桌上，由八人用黄杠抬着，派几位监修护送到陵寝承办事务衙门尊藏。将来皇帝、皇太后入葬时，再将吉土连袋放入金井中。

实际操作过程中，往往是先破土，过几天、几个月甚至跨年再动工。这样的事例很多。为什么破土与动工有前有后，不同时进行呢？主要有以下几种原因：

（一）钦天监选择的破土吉期恰巧当时各项准备工作还没有做好，

第三章　陵寝的营建

还不能立刻施工，但还必须在所选的吉期开工，怎么办？于是就在所钦定的日期那天先动土，但不干活，表示工程已经启动，然后等各项准备工作就绪后再动工。

（二）有时所选的吉期正是冬季，天寒地冻，不适合开工营建，只能等到大地解冻、春暖花开时才能动工。在这种情况下就先破土。比如，重修慈禧陵时，在光绪二十一年（1895）十一月二十四日破土，当时正是寒冷的冬季，所以到第二年二月二十五日才动工。

（三）有时受方向限制。比如，本来定在乾隆四十九年（1784）动工维修泰陵和泰东陵，可是乾隆四十九年（1784）南方系太岁方，不宜动土。如果等到乾隆五十年（1785）再动工，就太晚了。于是就在乾隆四十八年（1783）先破了土，这样在乾隆四十九年（1784）就可以动工兴修了。

无论破土还是动工，都要举行典礼仪式。

经钦天监选择吉期，乾隆帝的裕陵破土和动工是同一时刻，即乾隆八年（1743）二月初十日丑时（凌晨2时左右）破土动工。裕陵破土兴工这一天的典礼十分隆重。不仅皇帝派的大臣、承修大臣、风水官以及监督、监修等人员都参加了，而且吉地所在地的各级地方政府也派了官员参加。由于东陵在直隶境内，皇陵的许多具体事务与直隶各地方政府有直接关系，直隶总督本应参加破土动工典礼，但因当时署理直隶总督的吏部尚书史贻直在外地临时代理地方官，不敢擅离职守，于是派署按察司清河道方观承参加了典礼。方观承描述典礼的盛况说，动工的时候，只见星月交辉，云霞焕彩。所起之土紫色细美，实称上吉。此外，还有许多歌功颂德的神奇描述。在金井（穴位）处刨验土色时，三尺是紫色土，四尺至八尺是纯细土，九尺至一丈五尺俱系紫黄色土。这表明胜水峪的土质非常好。

一处好的陵址，不仅地面以上的山川形势要好，而且土质也必须好。如果土质不好，地面的山川形势再优秀也算不上十全十美的风水宝地。后来道光帝给孝和睿皇后选的陵址，在土皮以下几尺就发现了沙子和水，最后不得不改到其他地方。光绪帝的崇陵金龙峪，乾隆帝、道光帝、咸丰帝选陵址时都选看过，认为地面上的风水不错，最后成了光绪帝的陵址。可是当全面开工后，在开槽时，发现地下多有沙石、积水，施工非常困难，所以金龙峪算不上十全十美的上吉佳壤。

裕陵经过多次改变原设计方案，不断地增加新项目、新建筑，最后于乾隆十七年（1752）全工告竣，历时9年，工时之长，在清朝陵寝中是少有的。裕陵因为多次改变原设计方案，增加新建筑，所以最后完工时，实际用银1786020两4钱1分2厘，其中不包括直接从工部、户部、内务府等各部院衙门领用的赤金、云纱、颜料、纸张、铜、铁、绳麻、布疋等各种杂料的折银。

有人说营建裕陵用了56年，这是不对的。清陵惯例，如果是在皇帝、皇太后生前建的陵寝，建成十几年或几十年后皇帝、皇太后才驾崩，这些早已建成的陵寝往往已经陈旧了，出现了一些残破之处，比如琉璃件爆釉、石件错位、砖块酥碱、油漆褪色或爆裂、条石伤断、椽望糟朽等现象。所以在皇帝、皇太后驾崩以后，嗣皇帝会立刻对已建成的陵寝进行一次全面的油饰修缮，入葬时，能看到陵寝是金碧辉煌的。裕陵从乾隆八年（1743）始建到嘉庆四年（1799）乾隆帝驾崩，历经56年，半个多世纪了，已经显得破旧了。所以嘉庆帝在乾隆帝驾崩后，很快派大臣对裕陵进行了全面的修缮油饰。这些做法都是值得理解的，十分必要的。然而却有人把嘉庆四年（1799）对裕陵的重新修缮当作了裕陵的完工日期，说建裕陵用了56年，这显然是错误的。一座陵能建56年吗！

民间有一种传说流传很广，说什么从新皇帝登极即位那一天起就开始建陵，一直建到皇帝晏驾才能完工。不能在皇帝健在时就说陵完工了，那就等于是在盼望、诅咒皇帝该死了。那会犯大不敬之罪，是要杀头的。所以在建陵工地上，用了很长时间磨好的砖、雕刻好的石件，会被砸碎毁掉，重新再磨，重新再雕刻，一直到皇帝去世了才能说皇陵完工了。所以在清东陵地区有这样一个歇后语：陵上的活儿——慢慢磨。意思是干活儿不要着急，要磨蹭着干。持裕陵建了56年观点的人可能是受这个传说的影响。

每座陵寝建成后，承修大臣都要向皇帝奏报陵寝全工告竣。这在清朝官书和档案上多有记载。

裕陵的命名

根据清朝陵寝制度，陵名要在墓主人去世之后，由嗣皇帝命名，皇帝本人是不能给自己的陵命名的，所以皇帝本人不知道自己的陵将来叫什么名字。

陵寝的命名过程是这样的：先帝驾崩以后，嗣皇帝颁发谕旨，命大学士、六部、九卿、翰詹科道为先帝陵寝会议陵名。大臣们接到谕旨后，坐在一起会商，各抒己见，最后拟定出六个备选陵名，其实就是拟定出六个字。然后由一位大学士领衔向皇帝奏报拟定陵名的情况，将所拟定的六个陵名呈递给皇帝，请求皇帝钦定。皇帝审阅后，或在他所同意的陵名字的上方画一个小圆圈，或直接写陵名用哪个字。

清陵命名以雍正帝给康熙帝的陵命名最为特殊。当雍正帝看到大臣们在奏折上拟定的六个陵名时，哀痛不已，用针刺破中指，用指血圈出"景陵"二字。以后给各陵命名再没有皇帝用指血圈定的形式了。

第三章 陵寝的营建

乾隆帝于嘉庆四年（1799）正月初三日驾崩，同年三月初八日，嘉庆帝根据大臣们拟定的六个陵名，钦定为"裕陵"。陵名的斗匾悬挂在明楼南面两檐之间。陵名匾和"隆恩殿""隆恩门"的斗匾都是在嘉庆四年（1799）九月初五日悬挂的。在悬挂的前一天，嘉庆帝遣官到观德殿乾隆帝的梓宫前行告祭礼，供果酒，行三跪九叩礼。第二天，根据钦天监选择的吉期，由礼部堂官前往陵寝现场行礼，悬挂各斗匾。陵名匾和隆恩殿、隆恩门匾，以及朱砂碑、神道碑上的字必须在墓主人入葬前悬挂、镌刻。

陵名确定以前，称"胜水峪万年吉地"，陵名确定以后，一律改用"裕陵"。可是各部院衙门和各省的题本、奏折个别的仍有用"胜水峪万年吉地"的，于是嘉庆帝在嘉庆四年（1799）四月二十六日降旨：以后题本、奏折中，凡遇到"胜水峪"字样，一律写"裕陵"字样。陵名确定之后，妃园寝名称也改用"裕陵妃园寝"。

裕陵的最后规制

裕陵最终建成后,到底是什么样?下面简单介绍一下。

裕陵坐北朝南,以金星山为朝山,为壬山丙向方向。从前往后的各建筑依次是:

裕陵圣德神功碑亭及华表

第三章　陵寝的营建

圣德神功碑亭，重檐歇山顶。碑亭内并排竖立圣德神功碑两统。碑亭外四角各立华表一根。碑亭西建值班房一座，三间（现在看到的值班房是20世纪90年代建的，只建了二间，且未在原位置）。

裕陵圣德神功碑亭及北面的案山

圣德神功碑亭以北是人工培堆的案山。

案山北是五孔拱桥，每侧有栏板37块、望柱38根，二十四气柱头。桥孔为石券，每桥孔券脸顶部设吸水兽。桥长85.37米。

裕陵五孔拱桥

五孔拱桥北是一对望柱，分列神路两侧。

望柱北是石像生，有石雕像8对。

石像生北是五间六柱五楼

裕陵大望柱及石像生

的冲天式牌坊，牌坊南西侧建值班房一座，三间（现在未复建）。

牌坊北有一道马槽沟，正中建一孔拱桥一座，每侧7块栏板、8根望柱，二十四气柱头。桥孔为石券，有吸水兽。

在一孔拱桥以北的S形弯曲神路上有两座三孔涵洞。

乾隆帝陵：大清陵墓解密

裕陵牌楼门

裕陵一孔拱桥

神路下的三孔涵洞

过一个小上坡之后，前面就是神道碑亭，重檐歇山顶，每券门上安设券脸石。下檐有大小额枋。神道碑上用汉文、满文、蒙古文分别镌刻"高宗法天隆运至诚先觉体元立极敷文奋武孝慈神圣纯皇帝之陵"，汉字为嘉庆帝御笔，落款处钤有"嘉庆尊亲之宝"。碑上的乾隆帝的谥号少道光帝给加的"钦明"二字。水盘四角水的漩涡里分别雕刻鱼、龟、虾、蟹。水盘北端正中的山石上雕有蜥蜴吉祥兽。

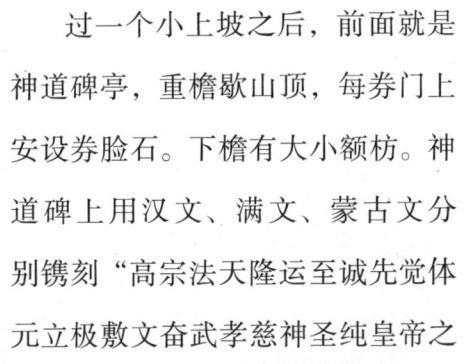

裕陵神道碑亭

第三章 陵寝的营建

裕陵神道碑

裕陵神道碑上的"嘉庆尊亲之宝"

裕陵东下马牌

乾隆帝陵：大清陵墓解密

裕陵西朝房

裕陵三路三孔拱桥

裕陵东侧马槽沟上的三孔平桥

裕陵西值班房

神道碑亭东西两侧分别立东西下马牌，前后两面都用汉文、满文、蒙古文镌刻"官员人等至此下马"字样。

神道碑亭北两侧建东朝房和西朝房，单檐硬山顶，各面阔5间。东朝房也叫茶膳房，西朝房也叫饽饽房，是内务府员役备办祭品的场所。

东西朝房以北是一道东西方向的马槽沟，正中并排建三座规制相同的三孔拱桥，每桥每侧11块栏板、12根望柱，云龙云凤望柱头。桥孔石券，有吸水兽。

三路三孔拱桥两侧对称地各建一

052

第三章 陵寝的营建

裕陵隆恩门

裕陵东焚帛炉

座带栏板的三孔平桥。三孔平桥拐弯向北的马槽沟上各建一孔小便桥一座。

三路三孔拱桥以北两侧分别是东值班房和西值班房，各三间，单檐卷棚硬山顶，是八旗官兵值班歇息的地方。

值班房以北正中建隆恩门一座，单檐歇山顶，面阔五间。有三个门。中门外上方悬挂斗匾一方，用汉、满、蒙三种文字题"隆恩门"三字。隆恩门前有月台，月台前正面是石磋磜，两侧抄手是垂带踏跺（台阶）。隆恩门

裕陵东配殿

裕陵隆恩殿

053

乾隆帝陵：大清陵墓解密

裕陵隆恩殿

裕陵陵寝门及门前的三路一孔拱桥

裕陵二柱门

裕陵石五供

前后是连面连三六级垂带踏跺。隆恩门内前后顶棚只有天花支条，没有天花板，上面原钉嵌铜网。

进隆恩门后就是陵寝的前院。左右是焚帛炉，也称燎炉，是焚烧纸锞的地方。

再往北是东西配殿，单檐歇山顶，面阔五间。东配殿是存放祝版和制帛的地方。西配殿是喇嘛念经的地方。

第三章 陵寝的营建

配殿以北正中是隆恩殿，重檐歇山顶，面阔五间。殿内供奉神牌，是举行祭祀典礼的场所。前檐悬挂斗匾一方，用汉、满、蒙三种文字题"隆恩殿"三字。殿前的月台上陈设铜鼎、铜鹤、铜鹿各一对。殿及月台环以青白石栏杆，云龙云凤望柱头。正中御路踏跺设"龙凤呈祥"的御路石，陛五出。

裕陵石五供、方城明楼

隆恩殿后有一道玉带河，河上并排建三座规制相同的一孔拱桥。

一孔拱桥北是陵寝门，也有称三座门、琉璃花门的。此门是后院的门户。中门规制高，门跺上身有琉璃的中心花和岔角花，下碱为石须弥座。两旁角门规制稍低，无中心花、岔角花和须弥座。每座门前有月台。中门月台前有12级垂带踏跺。两角门的月台前分别是11级垂带踏跺。

进了陵寝门以后就进入了后院。迎面神路上建二柱门一座。两柱夹一门。每柱柱顶上各为一蹲龙，面对面。

二柱门以北是石五供。祭台上陈列香炉一个，两侧是花瓶，花瓶外是烛台。

石五供北是一道玉带河，上建一孔便桥一座。

玉带河以北是方城。方城前是砖礓䃰。方城顶面东、南、西三面砌

乾隆帝陵：大清陵墓解密

裕陵哑巴院

垛口，北面砌宇墙。方城有一南北相通的隧道砖券。

　　方城顶面正中建明楼，重檐歇山顶，南檐上悬挂斗匾一方，用汉、满、蒙三种文字题"裕陵"二字。明楼内正中立朱砂碑一统，碑身的前

裕陵方城明楼、宝城、宝顶（孙衍松　摄影）

裕陵神厨库外景

面用汉、满、蒙三种文字镌刻"高宗纯皇帝之陵"7个字，汉字为嘉庆帝御笔，落款处钤有"嘉庆尊亲之宝"字样。碑的背面无文字。方城垛口及宇墙内侧墙根下设青白石荷叶沟。

方城北是哑巴院。左右各有一座转向磴道，也叫转向踏跺。院内神路两侧各有一个七星沟漏，以排除院内积水。北侧的月牙城正中贴砌琉璃影壁一座。

哑巴院以北是宝顶，即坟头，周围环砌宝城。宝城顶面外沿砌垛口。垛口内是马道。马道以内是宇墙。宇墙以内就是宝顶。宝顶是用三七灰土夯筑而成的。宝顶

裕陵神厨库内景

以下就是地宫。宝城后是罗圈墙。罗圈墙与隆恩门两侧伸出的红墙相接，围成陵院。

东朝房后东南是神厨库。神厨库院内建神厨五间，坐东朝西，单檐悬山顶，是做肉食祭品的地方。南北神库各三间，分别坐南、坐北，单檐悬山顶，是库房。东南角是省牲亭，重檐歇山顶，坐东朝西，内设铜锅两口、铜海（大水缸）一口。地面正中有水池一个，池底有排水孔道。省牲亭是杀牛宰羊的地方。省牲亭后是一座偏厦子，向东一坡水，北开门，是烧火的地方。

裕陵神路与孝陵神路相接。除值班房为布筒瓦外，其余所有建筑及墙帽子均用黄琉璃瓦。

第四章 裕陵的首创和特色

在清朝皇陵中,裕陵是第一座堆筑掩映口的陵,也是唯一堆筑掩映口的皇帝陵。

裕陵有许多首创和特色,对后世清陵影响很大。

儿子给父亲写碑文

因为裕陵是在乾隆盛世时建的，当时国家强盛，财力雄厚，加之乾隆帝又追求完美，铺张扬厉，挥霍无度，所以裕陵是清朝皇帝陵的集大成者，规模宏大，工精料美，多有创新，颇有特色。下面择其主要建筑，分别介绍一下。

裕陵的圣德神功碑亭是仿照康熙帝景陵的圣德神功碑亭建的。从最早的永陵，到顺治帝的孝陵，都称"神功圣德碑"，碑亭称"圣德神功碑亭"，都是一座陵立一统碑。永陵的每一统碑上用汉、满、蒙三种文

裕陵圣德神功碑碑额

字镌刻碑文。其余福陵、昭陵、孝陵的碑文都是用汉、满两种文字镌刻在一统碑上。从景陵开始，并排立双碑，东（左）碑刻满文，西（右）碑刻汉字。

现在已知福陵和昭陵的神功圣德碑上的字是由当时的书法家顾观庐书写的。景陵的圣德神功碑上的字是和硕诚亲王允祉书写的。裕陵碑文是谁书写的？原来，这个书写裕陵功德碑文的不是别人，就是永瑆。

永瑆是什么人？这么重要的碑文为什么让他书写？

永瑆是乾隆帝的皇十一子成亲王，是一位大名鼎鼎的人物。

乾隆时期，经济发展，文化繁荣。乾隆帝不仅精通经史，而且能诗善画，颇工书法。这对他的皇子们影响很大。在他的皇子中，有许多才华横溢、学识渊博的人。在书法方面，以永瑆的名气最大，造诣最深。他被列为乾隆朝的四大书法家之一。这四大书法家是翁（方纲）、铁（保）、成（亲王）、刘（墉）。

永瑆，字镜泉，号少庵，别号诒晋斋主人，生于乾隆十七年（1752）二月初七日，生母是乾隆帝的宠妃淑嘉皇贵妃。永瑆幼年时就书法出众，显示了非凡的才能，深受皇父的喜爱。乾隆五十四年（1189），37岁的永瑆被封为成亲王。永瑆曾经听康熙朝的老太监讲过，他的老师年幼时亲眼见到明朝著名书法家用前三指握笔管，悬腕作书的故事，对此，永瑆很是欣赏，并产生了浓厚兴趣。于是他潜心研究，努力效法，并加以推广，创出了著名的"拨灯法"。永瑆的楷书"胎息欧阳，出入羲献""少工赵董，兼善篆隶"，独具风格，名重朝野。他家藏有晋代陆机的《平复帖》，因此，他就把自己的书斋命名为"诒晋斋"，他自称"诒晋斋主人"。嘉庆帝让永瑆把好的书迹挑选出来，刊刻

成亲王永瑆书写的裕陵圣德神功碑文部分拓片

裕陵圣德神功碑，东为满文碑，西为汉字碑

汇集成册，题名为《诒晋斋帖》，嘉庆帝亲自作序，并将此帖集颁赏给臣工。

乾隆帝去世后，嘉庆帝遵照陵寝定制，为皇父营建圣德神功碑亭，并亲自撰写碑文，命永瑆书写碑上的汉字。永瑆受命后，尽其所学，含泪濡墨，敬谨恭书，发挥了最高水平。碑文字体严谨端正，飘逸潇洒，堪称清代碑刻中的上乘佳作。因此可以说裕陵圣德神功碑上的字是清陵所有圣德神功碑上字体最好、水平最高、最有价值的。

嘉庆四年（1799）十一月初六日颁发建裕陵圣德神功碑亭谕旨，嘉庆六年（1801）二月初一日动土兴工，嘉庆七年（1802）二月二十四日卯时立碑，嘉庆八年（1803）四月二十五日镌刻完碑文，最后全工告竣。净估需工料银237789两1钱1厘。

第四章 裕陵的首创和特色

开创石像生的一代新风

裕陵石像生开创了清朝皇帝陵石像生的一代新风，主要体现在以下几个方面：

（一）明十三陵只有首陵成祖朱棣的长陵设有石像生，其他12座皇帝陵都是非首陵，都未设石像生。长陵石像生位于陵园的中线上，一进陵园正门大红门，过了长陵神功圣德碑亭就是石像生。所以石像生虽然

明十三陵大红门（张元哲 摄影）　　　　明长陵石像生

是长陵的，但由于其重要的特殊位置，也可以视为全陵园各陵共有的石像生。

清东陵是仿明十三陵总体格局设计的，所以最初也只有首陵孝陵设有石像生。康熙帝的景陵是非首陵，就没有设石像生。裕陵是清东陵境内继景陵之后建的第三座皇帝陵，也是非首陵，所以裕陵在最初的设计方案中也没有设石像生。后来在营建中，改变了原设计方案，增设了石像生。同时，乾隆帝也给其祖父的景陵、皇父的泰陵补设了石像生，从此开创了清朝皇家陵园非首陵也可以设石像生的制度。以后的嘉庆帝的昌陵、东陵宝华峪的道光陵、咸丰帝的定陵这些非首陵地都设了石像生。惠陵最初的设计方案也设置了石像生。我们可以设想，如果裕陵按最初的设计方案营建，不设石像生，也不给景陵补设石像生，那么清东陵就和明十三陵一样，只有顺治帝孝陵设石像生，其他陵都不设石像生。所以说乾隆帝的裕陵开创了清陵非首陵设石像生之制。

（二）在清朝的12座皇帝陵中，只有8座设了石像生。其中以福陵石像生规模最小，石雕像最少，只有4对，而且还没有石人和瑞兽。昭陵石像生6对，虽然增加了瑞兽，仍没有石人。顺治帝的孝陵石像生规模最大，有18对，有8个种类，不仅有瑞兽，而且增加了文士、武士各3对，不仅数量最多，而且种类齐全。裕陵石像生为8对，虽然在数量上少于孝陵，但雕像种类和孝陵一样，也是那8种。福陵、昭陵、孝陵石像生的石雕像中有立有卧，而裕陵的8对石雕像则全是立像。裕陵以后的景陵、泰陵、昌陵、宝华峪道光陵、定陵以及被裁掉的惠陵石像生都是5对，即文士、武士、马、象、狮各一对，而且都是立像。裕陵开创了清陵石像生都是立像的制度。

第四章　裕陵的首创和特色

裕陵石像生

（三）清昭陵石像生和孝陵石像生，乃至明十三陵的石像生中都有石雕的大象，全身没有任何装饰物，接近实物。从裕陵石像生开始，象背上驮宝瓶，寓"太平有象"的吉祥之意。宝瓶下配鞍韂，象的头部装饰笼辔等物，以后清陵所有石像生中的象均仿这种样式。

所以说裕陵石像生开创了清陵石像生的一代新风。

孝陵石象背上无宝瓶　　　　　从裕陵开始象背上有宝瓶

065

首创清皇陵建牌楼门

明十三陵全陵园只有首陵长陵建了龙凤门,其他十二座非首陵都没有建龙凤门。因为清东陵是效仿明十三陵陵园格局的,所以顺治帝的孝陵建了龙凤门之后,景陵就没有建龙凤门。裕陵初建时也没有设置龙凤

清孝陵龙凤门

门。好大喜功、追求完美的乾隆帝可能觉得不建龙凤门实在是个缺憾，但建成和孝陵一样的龙凤门又心中不安，于是来个折中的方法，不建龙凤门而建牌楼门。

龙凤门和牌楼门虽然都属于牌坊式建筑，但建筑规制还是有很大差别的。龙凤门是由六柱三门四壁组成的。牌楼门是由五间六柱五楼组成的，斗栱、椽飞、额枋等均为木制，而龙凤门则无木料，完全用石、砖、琉璃件组成。龙凤门和牌楼门尽管建筑形式不同，但它们的功用却是一样的。乾隆帝在为裕陵建牌楼门的同时也给景陵补建了牌楼门。后来咸丰帝的定陵和同治帝的惠陵建的都是牌楼门。居中的孝陵是龙凤门，四座皇帝陵建的牌楼门分列孝陵两侧，形成对称之势。后来光绪帝的崇陵建的也是牌楼门。

所以说裕陵开创了清朝皇帝陵建牌楼门之制。

裕陵牌楼门

景陵牌楼门

独具特色的掩映口

先解释一下什么是掩映口。这个词是清宫档案上原有的名词。简单地说就是砂山口两侧的山不相对，而是相互交错着，用老百姓的话说就是揣着袖，这样从山口外看不到里面；在里面也看不到外面。山口处的神路是弯曲的S形，这样显得神秘、严实。

在清朝皇陵中，裕陵是第一座堆筑掩映口的陵，也是唯一堆筑掩映口的皇帝陵。

在裕陵牌楼门北的一孔拱桥至神道碑亭之间的神路拐了一个大大的S形弯。那里的地面很平坦，完全可以把神路修得笔直，这样又省

裕陵掩映口

第四章 裕陵的首创和特色

工又省银又省时，为什么偏偏要修个大弯路呢？这个S形弯就是掩映口形成的。因为裕陵神道碑亭以南东西两侧的砂山交错揣袖围拢，因此中间的神路也必然随曲就弯。东西砂山交错所形成的互相揣袖的山口就是掩映口。

同时，在裕陵东西两侧的砂山也各留一个掩映口，当地老百姓称之为东厦口和西厦口。当皇帝谒完孝陵、孝东陵、景陵之后，谒裕陵时从东厦口进入裕陵。谒毕裕陵后，从西厦口出，去定陵。在裕陵当差的内务府、礼部、八旗等员役、官兵也都是从这两口出入的。在陵寝堆筑掩映口为裕陵首创，而且堆筑了三个，更是空前绝后。这也是裕陵的特色。

后来，在建慈安陵和慈禧陵时，也在东西各开了一个掩映口。

裕陵前的掩映口

首创拱桥两侧对称建平桥

　　裕陵以前的清朝皇帝陵,隆恩门前的马槽沟上的三路三孔拱桥两侧都没有对称地建平桥和便桥,孝陵在东侧建了一座五孔平桥和一座一孔便桥,西侧无桥。景陵西侧建有两座很窄小的便桥,东侧无桥。泰陵的三路三孔拱桥两侧什么桥也没建。然而到了裕陵,在三路三孔拱桥两侧

裕陵在三路三孔拱桥两旁各建了一座三孔平桥

昌陵三路三孔拱桥两侧无平桥

对称地各建了一座三孔平桥和一孔便桥。这不仅使陵寝制度更加完善，而且极大地方便了长年累月在陵里当差的员役和兵丁。自裕陵以后，各皇帝陵在三孔拱桥两侧都对称地建了三孔平桥。因为昌陵是仿泰陵规制建的，所以尽管昌陵建在了裕陵之后，但也没有在三路三孔拱桥两侧建任何桥。

裕陵的做法也影响了皇后陵。裕陵以前的孝东陵和泰东陵，在三孔拱桥两侧都未建任何桥梁。裕陵以后的皇后陵昌西陵，在三孔拱桥两侧各建了一座三孔便桥，无栏板。慈安陵、慈禧陵，在三孔拱桥两侧都对称地建了三孔平桥。因慕东陵是由妃园寝改建而成的，在陵前马槽沟上正中建了五孔平桥，两侧各建了一座五孔便桥。

首创皇帝陵建佛楼

在陵寝隆恩殿内设置佛楼（个别书籍和档案也有称仙楼的），这是清朝陵寝的特色，明陵没有。清陵也不是一开始所有帝后陵都设佛楼，而是有一个发展过程。

清陵中的永陵、福陵、昭陵、昭西陵、孝陵、孝东陵、景陵、泰陵都没有建佛楼。第一个建佛楼的是乾隆帝的生母孝圣宪皇后的泰东陵。

泰东陵佛楼（张元哲 摄影）　　　　　裕陵佛楼

第四章 裕陵的首创和特色

所有佛楼都设在隆恩殿的东暖阁内。按说既然称为"楼",起码应该有两层,可是泰东陵的佛楼却只有一层,称为佛楼实在有点牵强,但书籍和档案既然称之为佛楼,我们也只能跟着叫佛楼了。

在皇帝陵中第一个建佛楼的是裕陵,而且是上下两层,这才名实相副了。自裕陵建了佛楼以后,昌陵、定陵、慈禧陵、惠陵、崇陵都建了佛楼,而且都是两层。皇后陵昌西陵、慕东陵、慈安陵都没有建佛楼。

昌陵佛楼

崇陵佛楼

清陵中唯一的三路一孔拱桥

关外的永陵、福陵、昭陵没有明显的"前朝后寝"的格局,所以也就没有陵寝门。清朝入关以后,效仿明十三陵的陵寝格局,分前朝、后寝,陵寝门是后寝的门户,这才有了陵寝门。

关内皇帝陵中的景陵、泰陵、昌陵陵寝门的前面都没有玉带河,所以也就没有任何桥。孝陵、裕陵、慕陵、定陵、惠陵、崇陵的陵寝门前都有玉带河,但孝陵、定陵、惠陵、崇陵陵寝门前的玉带河上都只设三座小便桥,没有栏杆、栏板,非常简易。慕陵的玉带河上的三座桥都是三孔,中桥带栏杆,两侧桥没栏杆。唯独裕陵陵寝门前的三座桥最为新颖特殊,建了三座并排的一孔拱券桥。其

裕陵陵寝门前的三路一孔拱桥

第四章 裕陵的首创和特色

侧面看三路一孔拱桥　　　　　　桥栏杆的两端都是靠山龙

实，裕陵在最初的设计方案中，也和孝陵一样，建的是三座小便桥，后来才改为三路一孔拱桥。每座桥弯弯的桥面两边安装着青白石栏杆，云龙云凤望柱头。每个拱券形的桥孔上方都雕刻着一个俯首朝向水面的戏水兽。三座桥之间用石栏杆相连接。更为新颖的是，桥栏杆的两端不用传统的抱鼓石，而是每端各透雕一只蹲踞昂首的靠山龙，靠山龙后面是靠山石。采用透雕的技艺，把靠山龙的鳞、蹄、鬃、嘴诸部位雕刻得十分精美细腻、栩栩如生，在我国目前仅能见到的桥两端的靠山龙中，裕陵的这组桥的靠山龙是最秀美、最精神，工艺最精湛的。桥栏杆采用这种样式，极为少见。这三座拱桥并排横跨于玉带河上，显得格外玲珑精美。白色的石桥与以红黄为主色的庄重的陵寝门交相辉映，更加赏心悦目。这不仅是清朝陵寝中独一无二的，而且在明陵中也是绝无仅有的。

里程碑式的石五供

所谓石五供，就是在一个长方形的石雕须弥座上摆放五件器物，正中为香炉，两侧依次对称地摆放花瓶两个、烛台两个。花瓶里插着灵芝花，烛台上插着蜡烛，蜡烛上有火苗。不过不能在香炉里烧香，灵芝花闻不到香味，蜡烛不能点燃。为什么呢？因为香炉、花瓶及花、烛台及蜡烛、火苗都是用青白石雕刻而成的。既然这些雕刻都不实用，为什么还要设置呢？这是出于礼制的需要。在皇帝、后妃生前居住生活的皇宫里是没有石五供的，只有皇家陵寝才能设。清陵设石五供效仿的是明十三陵。清朝陵制，只有皇帝陵和皇后陵才能设石五供，妃园寝和王爷园寝是不能设石五供的。

裕陵以前的帝后陵的石五供，炉、瓶、烛台的器体上没有任何图案雕刻，都是光素的，只有香炉的炉顶上才雕刻云龙。从裕陵开始，以后各帝后陵的五件器体上均雕刻兽面纹或万蝠流云的图案。在裕陵以前，香炉的炉顶、烛台上的蜡烛都用一块石料雕成。从裕陵开始，以后各帝后陵的石五供，无论炉顶、灵芝花，还是蜡烛及火焰均用名贵的紫砂石

第四章 裕陵的首创和特色

孝东陵石五供

雕刻，然后安插到炉、瓶、烛台之上。裕陵的这一改革，使石五供提高了一个档次，更加精美豪华、雍容华贵。裕陵以后各帝后陵均沿此法，成为定制。昌陵因受泰陵影响，五件器物上都是光素的，香炉的炉顶、烛台上的蜡烛和火苗与下面的器体仍都用一块石料雕成。

裕陵石五供老照片

077

美轮美奂的石雕艺术宝库——地宫

将皇陵地宫全部用精美绝伦的石雕图案装饰，变成佛教文化的世界、石雕艺术的宝库，是裕陵的首创和特色。这不仅在清朝陵寝史上，就是在长达2000多年的中国陵寝史上也是十分罕见的。虽然在清陵地宫中第一个雕刻经文佛像的是乾隆帝的生母孝圣宪皇后的泰东陵，但由于泰东陵是皇后陵，地宫很小，充其量只有两道石门，只有门洞券和金券有雕刻，其雕刻面积、图案、题材，都与裕陵不能相比。

迄今为止，尚未发现裕陵以前的清帝陵地宫中有雕刻经文佛像的记载。泰东陵地宫中有经文佛像雕刻可能与泰东陵隆恩殿内设佛楼一样，与孝圣宪皇后崇信佛教有关。泰东陵始建于约乾隆二年（1737）。而裕陵是清朝皇帝陵中第一座地宫里面有经文佛像雕刻的。

裕陵地宫内，除了隧道券、闪当券、罩门券没有雕刻图案外，其他六券内布满了佛教题材的石雕刻图案，主要有八大菩萨、四大天王、五方佛、三十五佛、五欲供、狮子驮宝瓶、执壶、宝珠、八宝、金刚杵等图案，以及29464个藏字和647个梵字。这众多的图案和文字，根据它

第四章 裕陵的首创和特色

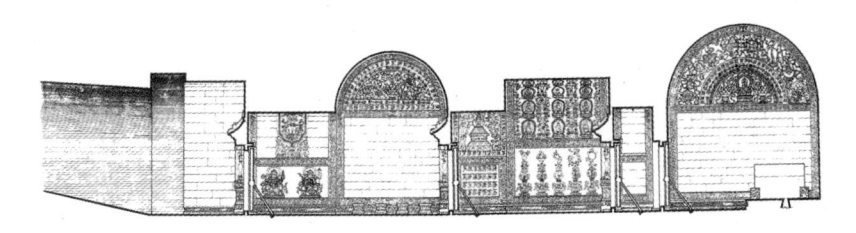

裕陵地宫布满石雕刻（王其亨教授 绘制）

们的功用、内容被安排在不同的位置，分别采用高浮雕、浅浮雕、阴刻等不同的技法，使其和谐得体、井然有序、恰到好处，给人以步移景换、引人入胜之感。裕陵地宫被誉为庄严肃穆的地下石雕艺术殿堂。更为重要的是，地宫内的这些图案蕴含着极为丰富深奥的佛教文化。博学多识的中国佛教协会原会长赵朴初先生和十世班禅及其经师都曾慕名来观赏裕陵地宫，都为地宫内的精湛雕刻、博大精深的佛教文化所惊叹和折服。

裕陵之后，只有嘉庆帝的昌陵将裕陵地宫中的所有图案，"复制""粘贴"到了昌陵地宫。裕陵地宫

裕陵明堂券

裕陵地宫穿堂券

中的经文佛像的雕刻工程是由皇宫御书处单独承办的，用了三年的时间才完工，用银 11973.598 两，而昌陵地宫中的经文佛像是由从京城各寺庙里找的能写善画的喇嘛绘画的，雕刻工程是由昌陵万年吉地工程处的石匠承办的，用了不到一年的时间就完成了，只用银 10917.592 两，比裕陵地宫省银 1056.006 两。完全一样的经文、佛像图案，昌陵用的时间是裕陵用时的三分之一不足，而且还省了一千多两银子，可以推想昌陵地宫的雕刻技术和绘画水平与乾隆盛世时裕陵地宫的雕刻水平相比，两者孰高孰低很容易就能得到答案。

藏文佛经

完善的砂山体系

裕陵以前的清朝皇帝陵由于选址时有较大的选择余地，周围的山基本上都是自然山，很少有用人工堆的。我们目前只知道皇太极的昭陵的靠山隆业山和泰陵的案山蜘蛛山是人工堆的。裕陵的陵址胜水峪虽然称得上风水宝地，但也确实存在着一些不足之处。由于裕陵距后面的昌瑞山较远，建在了一片平坦土地之上，显得有些空旷孤独，怎么办？人们于是便采取了人工培堆砂山的方法。

砂山有什么作用？

砂山环绕在陵寝周围，上面满植松树，郁郁葱葱，自然有美化环境，以及避免或减少外界风沙、热气、寒流侵袭的作用，也使陵寝处于一个相对安全、封闭的优美的自然环境之中，有一个比较稳定的独立的小气候，对陵寝有美化、保护的作用。

砂山还有隔挡、收拢视线的作用。举个实例吧，慈安陵和慈禧陵，东边与裕陵妃园寝毗连，西近与定陵妃园寝为邻，南面与裕陵妃园寝的内务府营房靠近，形成陵寝连成一片，民房与陵寝相接的状态，显得杂乱无序，主次不分，观之非常不雅。为了消除这一弊端，人们就在慈安陵和慈禧陵的东、西、南三面人工培堆砂山，将两座陵围绕起来，砂山上栽满了郁郁葱葱的松树。这样路过的人就再也看不到东、西、南三面的陵寝和内务府大片的房屋了，由此形成了与外界隔绝的独立小环境，维护了两座陵寝的完整形象。置身于这个小天地之中，人们的视线不再受外界的干扰，可以集中在两座陵上，使陵寝的地位、形象更加突出。

人工培堆砂山，还可以解决废料外运的问题，起到缩短工时、减少开支的作用。修建陵寝时，各建筑物的槽坑里要挖出大量的土石，雕刻石活、砍砖磨砖会产生大量的废料、砖石碎渣；筛灰时会剩下许多未烧成石灰的石灰石块。培堆砂山时，将这些废物埋在砂山下面，上面盖上厚厚的黄土，这样既可以省下外运废料的工时和工钱，还节省了从外地起运客土堆筑砂山的时间和费用，可谓一举两得。

裕陵东砂山上满植松柏树

第四章　裕陵的首创和特色

重重叠叠的砂山把裕陵围起来，形成了一个独立的环境（孙衍松　摄影）

由于砂山是人工堆筑的，其走向、高低、远近、形状就可以完全按照人们的主观意愿去堆筑，使得砂山蜿蜒曲折、和谐适中、高低相配，错落有致。山上松树四季常青，使本来就十分优美的陵园环境更增添了几分秀色。

堆筑砂山有许多学问。过低、过远，既挡不住风沙，还会使陵寝显得孤独、冷漠无情，缺少感染力；如果砂山过高、过近，又会产生喧宾夺主、逼压局促之感。要做到高低得当，远近相宜，需要很高的艺术设计水平才行。

因为裕陵东西南北四面的砂山完全是人工培堆的，所以裕陵的砂山体系最为完善。裕陵东西有内外砂山，陵寝的后面有高耸的后宝山，在南、东、西培堆了三个掩映口，如此完备的砂山系统在清陵中是独一无二的。

完备的排水系统

裕陵有十分完备的排水系统。宝城院里的水排到五供院内的玉带河里，再排到陵寝门前的玉带河里，然后从西墙下的涵洞排到西侧的内马槽沟里。由于裕陵有内外砂山，所以裕陵就有内外马槽沟。这些马槽沟里的水最后都向南流到五孔拱桥下的马槽沟里，然后与孝陵、景陵的

裕陵后院的玉带河　　　　　　裕陵墙外西马槽沟与院内玉带河相汇处

第四章 裕陵的首创和特色

水汇合，排出陵园。裕陵的面积很大，马槽沟以南的地面上的雨水通过神路下的两座三孔涵洞，最后往西与马槽沟的水汇合。陵寝内外有如此完备的排水系统，在清陵中是少见的。

裕陵西侧内马槽沟水相汇处

裕陵内外马槽沟水相汇处

裕陵东马槽沟水相汇处

085

优质的石料

裕陵初建时，所有建筑的石料用的都是清一色的艾叶青大理石料（圣德神功碑亭是嘉庆初年建的，用了一部分盘山石料，不包括在内；隆恩殿周围的石栏杆不知是为了显示洁白如玉，还是后来修缮时换了，用的是汉白玉）。所有建筑的台阶、踏跺的垂带石、角柱石等用的都是整块石料，没有拼接的。这一点在清东陵是唯一的。在整个清陵中，只有泰陵可以与其媲美。这是裕陵的又一特色和亮点。

踏跺的级石、垂带石、象眼石、砚窝石都是整块石料

踏跺所用的石料没有拼接的，都是整块的

第五章 裕陵的神牌位次、宝座位次、仪树

凡栽在陵院内、砂山、后宝山上以及神路两旁的树都成排成行，整齐有序，高低大小也整齐划一，如同排列在大道两旁的仪仗队一样，所以叫仪树。

神牌位次

裕陵的神牌位次是：中暖阁内，乾隆帝的神牌居中，孝贤纯皇后的神牌在左（东），孝仪纯皇后的神牌在右（西）。

西暖阁内，慧贤皇贵妃的神牌在东端第一位，第二位是哲悯皇贵妃的神牌，最西端是淑嘉皇贵妃的神牌，均为南向。西暖阁内的神牌是以中暖阁为中心的，所以慧贤皇贵妃的神牌距中暖阁最近，所以位置最尊。

东暖阁是佛楼。

中暖阁供奉的神牌 　　　　　高宗神牌 　　　　　孝仪纯皇后神牌

宝座位次

祭祀时，这一帝二后三皇贵妃的宝座位次是：中暖阁前正中为乾隆帝的宝座，左（东）为孝贤纯皇后宝座，右（西）为孝仪纯皇后宝座，均为南向。西侧南北方向摆放三个宝座，以北为上，北端第一位为慧贤皇贵妃宝座，第二位为哲悯皇贵妃宝座，第三位为淑嘉皇贵妃宝座。

仪树

清朝在建陵寝时，在还没有完工的时候就要谋划在陵寝周围和神路两旁栽植大量松树的事宜。这些树不仅有美化环境、调节气候、遮挡风沙的作用，而且还有突出皇陵威严、强化神秘气氛的作用。清东陵从康熙二年（1663）首建孝陵起，到清朝灭亡止，在二百多年间，在陵园之内形成了一片遮天蔽日的浩瀚森林。这些树主要有仪树、海树之分。

凡栽在陵院内、砂山、后宝山上以及神路两旁的树都成排成行，整齐有序，高低大小也基本一致，如同排列在大道两旁的仪仗队一样，所以叫仪树，尤其是各陵神路两旁的仪树最为壮观。孝陵神路每侧 10 行，其他陵为 9 行。各陵仪树的数量在清朝都有准确记载，到光绪年间，清东陵共有仪树 169500 棵。

海树，是仪树之外的树，既不分行，也不成排，如同原始森林一样，陵园之内多数是海树。海树初由人工栽植，后来自行衍生，越来越多，越来越密，放眼望去，一片树海，海树之名也由此而来。海树到底有多少，没有准确记载。

第五章 裕陵的神牌位次、宝座位次、仪树

清朝时，国家对皇陵的仪树和海树严加保护。每年树木回干多少，补栽多少，成活多少，陵寝大臣都要向皇帝奏报。如因陵寝工程需要砍伐一些仪树、海树，要提前向皇帝奏请，砍伐日期由钦天监选择。对私进陵园砍伐或烧毁树株的人，给予严厉处罚。对失职的护陵官员，给予降调、革职甚至治罪的处罚。

据清朝看守东陵的官员写的《昌瑞山万年统志》和《陵寝易知》记载，裕陵共有仪树11007株，裕陵妃园寝有仪树2704株。

同时，在裕陵的神道碑亭左右各有2株蟠龙松，在宝城前有2株蟠龙松，共6株。

什么是蟠龙松呢？这是一种树形很特殊的松树。这种松树并不高耸挺拔，而是枝杈横向伸张，树冠很大，树荫很广。因为树枝横向伸出，容易往下沉坠，于是在每棵蟠龙松伸出的树枝下用刷着红漆的木架支撑着，整棵树就像一条张牙舞爪的飞龙一样，十分壮观。

民国初期，裕陵的砂山上还有部分仪树

第六章 解读地宫

　　裕陵地宫不仅是精美豪华的石雕艺术宝库，也是一座庄严肃穆的地下佛堂。无论在结构上、雕刻上、佛学上都内涵十分丰富，博大精深，非常值得认真研究。

九券四门是指哪些券

明十三陵的定陵地宫已经发掘并开放，其地宫分前殿、中殿、后殿、左右配殿。但根据一些明陵专家研究，明陵地宫并不是都这样，后期的庆陵、德陵没有左右配殿。清朝入关以后的陵制仿明陵，不仅地面建筑仿明陵，地宫仿的也是明陵。因为天启皇帝朱由校的张皇后是由清朝葬入德陵的，所以清朝官员得以了解了德陵的地宫规制。

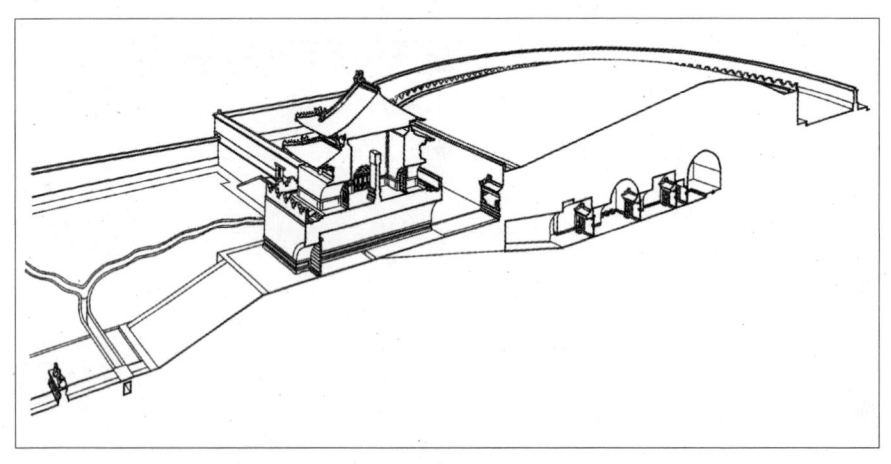

裕陵地宫剖切透视图（天津大学王其亨教授　绘制）

第六章　解读地宫

关内的清朝皇帝陵的地宫除了道光帝的慕陵外，已知裕陵及其以后的皇帝陵地宫都是九券四门。从一些零散档案分析，景陵和泰陵很可能也是九券四门。现在只有顺治帝的孝陵地宫到底是什么规制，我们还不知道。

裕陵地宫构造示意图

裕陵地宫是标准的九券四门规制。按照由前到后的顺序，依次是：隧道券、闪当券、罩门券、第一道石门、第一道门洞券、明堂券、第二道石门、第二道门洞券、穿堂券、第三道石门、第三道门洞券、第四道石门、金券。其中

裕陵地宫隧道券、闪当券、罩门券及第一道石门

慈禧陵地宫罩门券和第一道石门

隧道券、闪当券为砖券，其余均为石券。这九券中，除明堂券和金券是横向券外，其他均为纵向券。这九券中以最后的金券为最大，也最重要，是安放帝、后、妃棺椁的地方。

道光帝在东陵宝华峪建的陵寝地宫遵循的是清朝祖陵规制，为九券四门，只是取消了经文、佛像的雕刻。后来在西陵龙泉峪重建的慕陵，不仅将地面建筑规制进行了大刀阔斧的改变，同时对地宫规制也进行了改变，将传统的九券四门改为四券二门，即隧道券、罩门券、第一道石门、门洞券、第二道石门、金券。

清陵与明陵的最大的区别之一就是明陵不建皇后陵，而清陵则建皇后陵。清朝的皇后陵地宫有三种规制：第一种是五券二门，即隧道券、闪当券、罩门券、第一道石门、门洞券、第二道石门、金券。慈安陵和慈禧陵属于这种规制。第二种是四券二门，即隧道券、罩门券、第一道石门、门洞券、第二道石门、金券。昭西陵、孝东陵属于这种规制。泰东陵也很可能是这种规制。第三种规制是四券一门，即罩门券、石门、门洞券、梓券、金券。昌西陵、慕东陵属于这种规制。

"八大菩萨"都是哪些菩萨

裕陵地宫里有四道门,每扇石门上都雕刻了一尊菩萨立像,共刻了八尊菩萨,合称"八大菩萨"。据清宫档案记载,昌陵、宝华峪地宫、定陵、惠陵以及已经清理开放的崇陵地宫石门上都雕有八大菩萨。

"八大菩萨"都是哪些菩萨?在佛教界有多种说法。一说是金刚手菩萨、观自在菩萨、虚空藏菩萨、金刚拳菩萨、文殊师利菩萨、才发心转法轮菩萨、虚空库菩萨、摧一切魔菩萨。另一说是观自在菩萨、慈氏菩萨、虚空藏菩萨、普贤菩萨、金刚手菩萨、曼殊师利菩萨、除盖障菩萨、地藏菩萨。还有的说是除盖障菩萨、弥勒菩萨、观世音菩萨、大势至菩萨、无尽意菩萨、宝檀华菩萨、药王菩萨、药上菩萨。还有的说是文殊菩萨、普贤菩萨、观世音菩萨、金刚手菩萨、虚空藏菩萨、地藏王菩萨、弥勒菩萨、除盖障菩萨。还有一些说法,不再赘述。这些说法到底哪个对?裕陵地宫的八大菩萨到底是哪八位?最可靠可信、最有说服力的就是清宫档案的记载。

关于裕陵地宫的"八大菩萨"是哪八位菩萨,清宫档案中现在还没有找到，只说了"八大菩萨"。但《定陵修建地宫殿宇房间等工销算黄册》《惠陵地宫工程做法》《崇陵工程做法》都记载地宫的石门上雕刻了"八大菩萨"，而且这些陵的"八大菩萨"是统一的、一致的。这"八大菩萨"是文殊菩萨、大势至菩萨、观世音菩萨、地藏王菩萨、除盖障菩萨、虚空藏菩萨、慈氏菩萨、普贤菩萨。《龙泉峪万年吉地地宫石作做法细册》记载了慕陵地宫的四扇石门，第一道石门东扇是除盖障菩萨，西扇是虚空藏菩萨。第二道石门东扇是慈氏菩萨，西扇是普贤菩萨。这四尊菩萨正是九券四门的第三、第四道石门的四位菩萨。我们可以想象，如果慕陵地宫是九券四门的话，八大菩萨也是与定陵、惠陵、崇陵的八大菩萨一样的。从以上四陵的八大菩萨可以知道，裕陵地宫的八大菩萨也应该是文殊菩萨、大势至菩萨、观世音菩萨、地藏王菩萨、除盖障菩萨、虚空藏菩萨、慈氏菩萨、普贤菩萨。如果以定、惠、崇、慕四陵的八大菩萨来推测裕陵的八大菩萨也是这八大菩萨还多少有点说服力不足的话，那么对裕陵地宫八大菩萨的实地考察，则证明了裕陵的八大菩萨是与定陵、惠陵、崇陵的八大菩萨完全一样的。

  每位菩萨有什么神通和法力，从她们所使用的法器即武器就可以知道。裕陵地宫八大菩萨的法器都在莲花上托着。因为每朵莲花都在菩萨的两肩之上的部位，所以称为"肩花"。根据肩花上托的法器，立刻就能知道是哪位菩萨。通过到现场对裕陵地宫每位菩萨肩花上的法器进行认真考证、鉴别，我们已经非常清楚地判断出裕陵的八大菩萨的身份和排列顺序与定陵、惠陵、崇陵的八大菩萨完全一样。

  本来裕陵地宫的八大菩萨是谁，她们的顺序是怎样的，几十年来都是十分清楚明确、毫无争议的。可是前几年有个人听一位现代和尚说裕陵地宫菩萨的顺序错了，应该重新排列。于是这个人便推翻了几十年的正确说法，采用了这位和尚的说法，把地宫的八大菩萨的位置顺序全搞乱了，并将这个错误说法写入了他的书中，还利用一切机会在他所接触的人中大力宣传这位和尚的错误说法，在社会上造成了一定的坏影响。

笔者亲眼见过裕陵、宝华峪陵寝（道光陵）和崇陵地宫里的八大菩萨雕像，很明显裕陵地宫的菩萨无论从形象上还是雕刻技艺上都是最好的。裕陵的每尊菩萨像高约一米五，全部为女性形象。每位菩萨头戴莲花瓣佛冠，高梳发髻，两耳佩环，身披绶带，璎珞垂珠。下身穿着羊肠大裙，袒胸露腹，赤足立于莲花台上，身段苗条，体态婀娜，温柔慈祥，美丽端庄。莲花台下海水粼粼，波光潋滟，简直像一幅仙女下凡图。古代匠师运用了立体感极强的高浮雕技法，有意突出菩萨的主体形象，因而整个雕像显得栩栩如生，楚楚动人。这八尊菩萨像粗看似乎没有什么区别，但仔细端详，却各有特点。菩萨像手印和掌心的朝向各不相同。无论手印、掌心怎么变化，她们每只手里都捏着一根藤蔓。藤蔓弯曲向上，顶端有一朵盛开的莲花，衬以绿叶。因为这些花都位于每位菩萨的肩头之上，故称为"肩花"。每位菩萨的肩花都是一样的，但花朵上所托的法器却各不相同。法器是鉴别菩萨身份的重要标志，也是了解每位菩萨有何法力的象征。

第一道石门的东扇门上，雕刻的是代表大智的文殊菩萨。她的左肩花上托的经卷可以增长众生的智慧，右肩花上托的宝剑能斩断人间的烦恼。西扇门上刻的是代表大力的大势至菩萨。她左肩花上托的法铃可以传播法音，右肩花上的宝杵能驱散邪恶。民间也有把文殊菩萨叫文菩

裕陵地宫第一道石门东扇石门上的文殊菩萨

裕陵地宫第二道石门西扇石门上的地藏王菩萨

裕陵地宫关闭的第三道石门

萨，把大势至菩萨叫武菩萨的叫法。

第二道门的东扇门上，雕的是代表大慈大悲的观世音菩萨。她右肩花上的念珠象征着诸佛无量。西扇门上刻的是代表大愿的地藏王菩萨。她右肩花上托的画卷能满足众生无边的善愿。

第三道门的东扇门上，雕刻的是除盖障菩萨。她的右肩花上托着一轮红日，能给人间以光明。西扇门上是虚空藏菩萨，她右肩花上是一勾弯月，能给人间以清凉。民间也有把除盖障菩萨叫日光菩萨，把虚空藏菩萨叫月光菩萨的叫法。

第四道门的东扇门上，雕刻的是代表大富大贵的慈氏菩萨，她右肩花上托着法轮，表示勇往直前、誓不退转。西扇门上是代表大行的普贤菩萨，她右肩花上的法杵能降妖除怪。

清朝帝陵地宫里，虽然是同样的八大菩萨，但陵寝不同，表现形式也不尽相同。裕陵地宫的菩萨全为女性，而崇陵的八大菩萨中，第二道

第六章 解读地宫

裕陵地宫里第四道石门东扇石门上的慈氏菩萨

崇陵地宫里带胡须的菩萨

石门上的两尊菩萨均为男性，有胡须。从档案中知道，定陵的八大菩萨中也有带胡须的。

孝陵、景陵、泰陵地宫，因没有发掘清理，也没有找到有关文献档案，地宫里有没有八大菩萨、什么样，尚有待进一步考证。

101

"四大天王"有什么法力

裕陵地宫第一道门洞券内的东西墙上，雕刻着"四大天王"的坐像。他们一个个顶盔贯甲，手执法器，威风凛凛，威严凶猛。"四大天王"是干什么的？各有什么神通？为什么把他们的像雕刻在地宫里？

"四大天王"是佛祖释迦牟尼的外将。须弥山半山腰有一山叫犍陀罗，有四峰。"四大天王"分居四峰，各护一天，称"四天王天"。"四天王天"是六欲天的最初一天，因此，"四大天王"也称"护世四天王"。这"四大天王"分别是：

东方持国天王，名多罗吒，身白色，居住在犍陀罗的黄金埵。他善于护持国土，忠实地守卫在东方。因为他是乐神的领袖，故以琵琶为法器。此天王位于门洞券西墙的北面。

南方增长天王，名毗琉璃，身青色，居住在犍陀罗的琉璃埵。他能使人的善根增长。他以宝剑为法器，护守着南方。此天王位于西墙的南面。

西方广目天王，名毗琉博叉，身红色，居住在犍陀罗的白银埵。

他常以净天眼观护阎浮提。他是群龙的领袖，右手托宝塔，左手缠绕一龙，守护着西方。此天王位于门洞券东墙的南面。

北方多闻天王，名毗沙门，身绿色，居住在犍陀罗的水晶埵。他的福德之名闻于四方。他右手持宝伞，左手握吐宝银鼠，守护着北方。此天王位于东墙的北面。

"四大天王"的这四件法器，宝剑舞动生"风"，琵琶弹奏弦要"调"，宝伞撑开能遮"雨"，群龙降服已归"顺"。正好组成"风调雨顺"一词，反映了人们企盼国泰民安、五谷丰登的美好愿望。

"四大天王"，也有称"四大金刚"的。寺庙的山门里，往往供奉"四大天王"的塑像。

尽管清朝皇帝为了确保地宫的安全、帝后灵魂的肃静，让法力无边的菩萨、天王把守地宫的大门，但也未能阻挡住盗陵匪徒的脚步。地宫被盗，匪徒们毁棺抛尸，掠走了全部殉葬珍宝。裕陵地宫的"四大天王""严重失职"，普贤、慈氏两位菩萨也"身受重伤"。这些神通广大、法力无边的神仙们尚且自身难保，还怎能去保护肉体凡胎的皇帝、后妃们呢？

东方持国天王

南方增长天王

西方广目天王

北方多闻天王

"三十五佛"在哪里

穿堂券顶上的二十四尊佛像

在清宫档案《朱批奏折》里，和亲王弘昼在向皇帝奏报裕陵地宫各券雕刻的纹饰图案时，提到地宫里雕刻了"三十五佛"。

可笔者到地宫里寻找三十五佛，去了无数次地宫，找了好多年也未找到。除了石门上的八大菩萨和第一道门洞券两侧的四大天王外，有八个地方雕有佛像，但无论怎么组合计算，不是多就是少，怎么也凑不上35这个数。

后来，法国国家科学研究院的王微研究员，数次考察裕陵地宫，他经过艰苦、认真、细致的研究、考证，终于解开了这个谜。原来这

第六章 解读地宫

第三道石门楼月光石上的佛像

35尊佛像分布在五个地方，即穿堂券内有24尊，在第一、第三、第四道石门楼上的月光石上各1尊，在明堂券顶上的五方佛的中间那尊佛的周围有8尊佛像，这样加起来正好是35尊佛像。"三十五佛"在什么地方终于知道了，但这35位佛都叫什么佛，现在还不知道。

明堂券顶上五方佛中心佛周围有八尊小佛像（冯建逵、王其亨编著《中国古建筑测绘大系·陵寝建筑·清东陵》）

105

八个石方座有什么用

　　裕陵地宫明堂券的东西墙根下各有4个方形须弥座，大小一致，高低一样，按南北方向排列。这8个石方座叫什么？有什么用处？

　　经过反复考证，我们知道了这些须弥座式的方形石座是陈放墓主人册宝用的，所以叫册宝座。如果再细分，东侧的叫册座，西侧的叫宝座。

　　按清朝制度，皇帝、皇后崩逝后，要给予谥号，上谥时要举行隆

裕陵地宫明堂券东侧的册宝座

第六章 解读地宫

重的上谥典礼，要宣读上谥的册文，要有镌刻着谥号的大印，这个大印称谥宝。无论谥文还是宝文，都用满、汉两种文字镌刻。皇帝、皇后的谥册宝有三套，即玉册宝、绢册宝、香册宝。每套有每套的用处。玉册玉宝用玉制，供奉在太庙；绢册绢宝用绢

崇陵地宫出土的册宝箱

绸、纸、木等材料制作，其造型大小与真物一样，是在上谥礼上宣读用的，上谥礼结束后烧掉；香册香宝用檀香木制作，册文阴刻填青，宝文是阳刻，专门用来陈放在地宫内的册宝座上。无论哪套谥册、谥宝，册和宝都分别盛放在册箱和宝箱内。香册、香宝连箱陈放在地宫里的册座、宝座上。

那么裕陵地宫的四组册宝都是谁的呢？

裕陵地宫里共葬了6个人，即乾隆帝、孝贤皇后、孝仪皇后、慧贤皇贵妃、哲悯皇贵妃、淑嘉皇贵妃，却只有四组册宝座。按人数分，少了两组；按皇帝、皇后人数分，又多了一组；按后妃数分，又少了一组。那么这四组册宝座上到底陈放的是谁的册宝呢？

笔者经过长期考证，终于弄清了这个问题。清朝规定，在地宫里只有皇帝和皇后才陈放香册香宝，皇贵妃没有香册香宝。所以地宫的这四组册宝都是皇帝、皇后的，没有皇贵妃的份儿。

地宫里葬了一帝二后，为什么却有四组册宝呢？原来乾隆帝有一组、孝贤皇后有两组、孝仪皇后有一组。在地宫里，册和宝的陈列顺

乾隆帝陵：大清陵墓解密

西侧　　　　　　东侧

第一组
乾隆皇帝
香　宝

第一组
乾隆皇帝
香　册

第二组
孝贤皇后
原上
香　宝

第二组
孝贤皇后
原上
香　册

第三组
孝贤皇后
加上
香　宝

孝贤皇后
加上
香　册

第四组
孝仪皇后
加上
香　宝

孝仪皇后
加上
香　册

裕陵明堂券册宝座位置示意图（徐广源 绘制）

第六章　解读地宫

序是册在东，宝在西，以北为尊，也就是说东侧的石座上放的都是册箱，西侧的石座上放的都是宝箱，北面的第一组地位最高，依次往南排列。具体到裕陵的四组册宝，排列顺序是这样的。

北数第一组为乾隆帝的册宝，第二组为孝贤皇后的原上册宝，第三组为孝贤皇后的加上册宝，第四组为孝仪皇后的加上册宝。

什么叫"原上册宝"和"加上册宝"呢？最早上的，也就是说第一次上的谥号所用的册宝叫原上册宝。入葬前上的谥号所用的册宝叫加上册宝。举个例子吧：孝贤皇后在乾隆十三年（1748）去世后，第一次上的谥号是"孝贤皇后"。这是原上册宝。在乾隆帝入葬前，在嘉庆四年（1799）嘉庆帝又给加了"诚正敦穆仁惠辅天昌圣"10个字，合在一起称"孝贤诚正敦穆仁惠辅天昌圣纯皇后"。这个谥号的册和宝就称加上册宝，就是裕陵地宫的第三组册宝。孝仪皇后没有原上册宝，只有加上册宝。

八宝有什么含义

在裕陵地宫里，每道石门背后的南墙上、明堂券的东西月光石上、金券内的东西月光石上都雕有八宝图案。八宝是佛前的一组供物，也称为"八吉祥相"。这八宝其实就是八种物件，按通俗说法就是轮、螺、伞、盖、花、罐、鱼、长。但在佛教界，有的物件名称与这个不一样，八个物件的顺序也有变化，但其实还是这八种物件。那么这八

裕陵地宫金券月光石上的八宝

种物件各有什么含义呢?

轮:指法轮,寓意誓不退转。佛教认为:大法圆转,万劫不息之谓誓不退转。

螺:也称法螺,可以召唤天神。佛教认为:具菩萨果,妙音吉祥之谓召唤天神。

伞:亦称宝伞,寓意慈荫众生。佛教认为:张弛自如,曲覆众生之谓慈荫众生。

盖:亦称白盖,可以庄严佛土。佛教认为:偏覆三千,净一切药之谓庄严佛土。

花:指莲花,象征清净无染。佛教认为:出五浊世,无所染着之谓清净无染。

罐:亦称宝瓶,象征甘露清凉。佛教认为:福智圆满,具备无漏之谓甘露清凉。

鱼:指金鱼,寓意福德有余。佛教认为:坚固活泼,解除环劫之谓福德有余。

长:指盘长,寓意吉祥如意。佛教认为:回环贯彻,一切通明之谓吉祥如意。

八宝有时拆开来单用,比如在裕陵地宫每道门的门垛下碱的须弥座的束腰上都雕有法轮图案。在第一、第三道石门楼上方的月光石上雕有法螺的图案。

因为八宝有吉祥如意之意,所以得到了广泛的应用,在一些家具、服饰上也常见到八宝图案。有的陵寝的石五供上雕有八宝。有时做成非常精美的八件木制器物,通体饰金,供在佛像的前面。

五欲供的寓意是什么

在裕陵地宫穿堂券的东西两墙壁上各雕刻了一组五欲供图案。每组图案分别由明镜、琵琶、涂香（一种香料）、水果、天衣组成。这五种器物各有什么寓意呢？

用眼睛可以看到明镜里的"色"；用耳朵可以听到琵琶弹奏发出来的"声"；用鼻子可以闻到涂香散发出来的"香"；用舌头可以尝到水果的滋"味"；穿上衣服身体可以有所"触"觉。这五种器物分别代表人的眼、耳、鼻、舌、身所能引起的人的五种欲望，即色、声、香、味、触。五种欲望就是五种欲心。五欲是指财欲、色欲、饮食欲、名欲、睡眠欲。总之，这五种欲心经常困扰着人们，使人烦恼，使人忧愁，使人颓废，使人悲伤，使人愚昧，使人癫狂，使人受苦。因此，佛教把五欲看作众生流转生死的直接原因。这五种欲心，犹如五支箭，破坏着人们的种种善事而使人不得正果，所以也有把五欲称为"五箭"的。如果人们能够完全不受五欲的困扰，真正做到四大皆空、六根清净，则能修成正果，大彻大悟，顺利进入极乐世界。说白

裕陵地宫穿堂券里的五欲供

了，这五欲供就是告诫人们要多行善事，要有好心，不做恶事，不要有歪心邪念。

奇特的乾隆帝的内棺

清朝陵寝已经开放的五座地宫里，共有 12 具棺椁。这些棺椁都是标准的葫芦材，内外两层，里面的叫棺，外面的叫椁。其形制大同小异。其中最有特色的就是乾隆帝的棺椁。

它的特殊之处体现在内棺上。乾隆帝后妃内棺上的经文佛像都是阴刻的，而乾隆帝的内棺里外的藏文和花卉、佛像等各种图案，全部采用的是阳刻的技法，也就是这些文字和纹饰都是凸出来的，就像公章和个人私章上的字一样，雕刻得非常精美，当为剔红工艺中的经典之作。不过精美无比的乾隆帝的阳刻内棺在 1977 年清理地宫后，开放前已套上了外椁，再也看不到了。现在从外椁朝南的挡板（回头）缝隙里还能看到点阳刻花纹。

以乾隆时期的雄厚财力，乾隆帝给他的后妃们的内棺都做成阳刻的，不费吹灰之力；以慈禧的挥金如土、骄奢淫逸、享受至上的性格，给自己的内棺做成高规格的阳刻，也是完全可能的。但为什么他们都没有这样做呢？是阳刻还是阴刻，不是花钱多少、显示地位的标

乾隆帝的内棺

志，而是男性、女性的区别。清朝皇帝都是男性，必然用阳刻；而后妃都是女性，必然用阴刻。

目前，在北京故宫博物院藏有两口内棺，一口是阳刻的，一口是阴刻的，据说是给溥仪和婉容准备的。

裕陵有两个方向

1928年孙殿英匪军盗掘了裕陵和慈禧陵之后，溥仪派了几位皇室成员和清朝旧臣带领随员和相应的勤杂人员到东陵进行善后重殓，随员徐埴（榕生）发现了裕陵地宫的金券方向与地面上诸建筑的方向不一致。他在《东陵于役日记》中说："裕陵地宫内山向与外间明楼隆恩殿山向不同，盖内渐转偏向西也。"

后来通过现场验证，发现完全是这样的。裕陵地宫前后有9道券，最后是金券，乾隆帝的棺椁就位于金券的正中，方向与金券一致。如果我们站在第一道石门的门口向里看，就会发现乾隆帝的棺椁是歪斜的，偏向东北、西南，与前几券的方向明显不一致。地宫前6券的方向与地面建筑的方向是一致的，都是朝向金星山的，这表明金券的方向与地面上建筑的方向是不一致的。经测量，金券的方向即棺椁的方向，与前6券即地面建筑的方向之间形成了10度的夹角；子午方向与前6券即地面建筑的方向之间形成了25度的夹角。

为什么会出现这种现象？

第六章 解读地宫

从裕陵地宫第二道石门，看乾隆帝棺椁是歪斜的（胡锤 摄影）

有人解释说，前6券的方向是风水线，金券的方向是子午线。乍听起来似乎有些道理，但通过实际测量发现并非如此。所谓风水线，就是陵寝建筑的中轴线方向。测量表明，地宫的前6券确实是风水线，与地面建筑的中轴线方向一致。但金券方向却不是子午线，与子午线（正南正北方向）偏离15度。所以这种解释是站不住脚的。

有人认为这是工程上的失误，在开槽时把金券挖歪了。这更不可能。在封建社会，皇陵工程是国家的天字第一号工程，称为"钦工"，而地宫又是其中最关键的部分，不允许有丝毫失误。在测量工具和技术还不十分先进的那个年代，如果在千百米长的建筑线上，出现几度的误差，是难免的，是可以理解的。但在只有50多米长的地宫中，出现用肉眼就可以明显看出的10度误差，那就说不过去了。再者，裕陵地宫

117

内的所有图案雕刻，都是事先在样坑中雕刻好的，各石块编好顺序号码后，从样坑中拆卸出来，再按所标顺序号砌到地宫中。如果地宫的槽挖歪了，但样坑不会也歪，这样从样坑中拆出来的带有编号的石块就不能严丝合缝地砌到地宫里，就会接不上茬口。事实上，地宫内各石料不仅接合得非常严密，而且所有图案、文字毫不错乱变形。这说明金券歪斜并不是工程失误，而是工程设计人员的有意安排。从已经开放的崇陵地宫、慈禧陵地宫、纯惠皇贵妃地宫和容妃地宫来看，都没有这种前后方向不一致的现象。

裕陵地宫金券究竟为什么歪斜？关于这个问题，十几年来经过有关专家的潜心研究，已有所进展。清东陵的古建队长尹庆林及研究室的方国华撰写的论文《清裕陵地宫金券偏角现象解析》，对裕陵地宫金券歪斜的现象进行了解释，大概意思是：裕陵用了两个方向，即地面建筑和地宫内的前六个券用的是"壬山丙向"，金券则用的是"壬山丙向兼亥巳丁巳分金"方向。这两个方向的夹角为10度。

那么难免有人会问，裕陵为什么不用一个方向而要用两个方向呢？

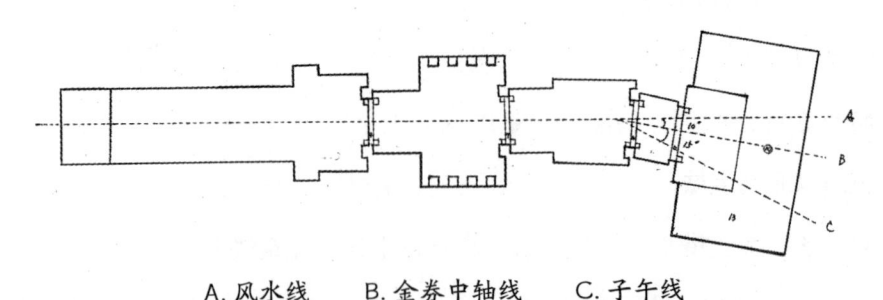

A. 风水线　　B. 金券中轴线　　C. 子午线

裕陵地宫平面图（天津大学王其亨教授　绘制）

第六章 解读地宫

这在风水学理论中是否可以找到依据?

裕陵的外向即裕陵地面建筑的中轴线方向,以金星山为朝山。金星山是顺治帝孝陵的朝山,山形状如覆钟,高大雄伟,与他山不相连接,是一座不可多得的理想朝山。裕陵以后,道光帝的宝华峪陵寝、同治帝的惠陵、惠陵妃园寝也皆以金星山为朝山,表明金星山确实是最理想的朝山。裕陵以金星山为朝山,说明它选用了地面上(外向)的最佳方向。如果金券也用这个方向,则有不足之处。而将金券方向顺时针扭转10度,即"壬山丙向兼亥巳丁巳分金"方向,则"脉气最盛"。因为站在裕陵神道碑亭北券门沿着中轴线向北看,如果将裕陵顺时针扭转10度,裕陵的背后正对一山峰,山峰的两侧又各有一个稍为低矮的山峰,左右对称,形成左辅右弼之势。这样一来,裕陵的地上、地下两个方向均为最佳。

其实清朝的其他陵寝也有一陵用二向的情况。著名建筑学家、天津大学建筑学院教授王其亨先生经过多年研究考证,发现清孝陵、泰陵也是用的两个方向,但这两座陵的两个方向与裕陵的两个方向的表现形式不一样,这两陵的两个方向在地面上都能看到。孝陵方城明楼以前的一系列建筑直到朝山金星山是亥山巳向,为外向;宝城、宝顶方向则顺时针扭转了10度左右,为壬山丙向,为内向。这表明,孝陵地宫的方向与地面上的宝城、宝顶方向一样,也是壬山丙向。雍正帝的泰陵,龙凤门以北到宝城、宝顶为一个方向,龙凤门以南到石牌坊则是另一个方向。孝、泰、裕三陵虽然都用了两个方向,但具体做法又各不一样。

裕陵地宫里共雕了多少佛像

在裕陵地宫内,以阴刻、阳刻和浅浮雕、高浮雕的不同技法所雕刻的各种佛教题材的图案和 29464 个藏字、647 个梵字,布满地宫内的各个部位和角落,除地面之外,无空白之处。在这些雕刻图案中,各式佛像占的比例很大。裕陵地宫内,到底雕刻了多少尊佛像?恐怕很少有人清楚。即使常年工作在裕陵的人员也不一定十分清楚。实际上裕

裕陵地宫金券券顶上的三尊佛像

第六章 解读地宫

陵地宫内共雕刻了57尊各式佛像，它们分别在以下部位：

八扇石门扇上雕刻了8尊菩萨；第一道门洞券内两壁上雕刻了4位天王像；明堂券券顶上雕刻了五方佛及中心佛像周围8尊小佛像，计13尊佛像；穿堂券券顶雕刻了24尊佛像；第一、第三、第四道石门的月光石上共计雕刻了3尊佛像；金券东西两墙上的月光石上雕刻了2尊佛像，金券顶上雕刻了3尊佛像。以上合计雕刻了57尊佛像。

裕陵地宫穿堂券券顶上的24尊佛像

第七章 陈设、尊藏

隆恩殿内稍前正中摆放金漆香几五件,每件香几上面分别摆放珐琅五供中的一件,即香炉一件、花瓶二件,每个花瓶内插灵芝一对、蜡阡二件,上插样蜡一对。铜镀金香盒一件。

裕陵的尊藏珍玩宝物是清陵中最多、最丰富、价值最高的,可以说是一座小型的珍宝库。

陈设

这里所说的陈设指的是隆恩殿内的设置和各种家具物品的摆设。裕陵隆恩殿内的陈设是这样的：

隆恩殿内稍前正中摆放金漆香几五件，每件香几上面分别摆放珐琅五供中的一件。五供即香炉一件、花瓶二件，每个花瓶内插灵芝一对、蜡扦二件，上插样蜡一对。铜镀金香盒一件。

殿内摆放金漆戳灯十二盏，每盏各随黄铜蜡托盘一个，明黄杭细单套各一件。

殿内东边设酒桌二张，每张有明黄云缎面杭细里夹套各一件，明黄油敦布夹垫子各一件，明黄纺丝油单案面各一件，明黄油敦布夹套各一件。

殿内西边设酒案二张，每张有明黄云缎面杭细里夹套各一件，明黄油敦布夹垫子各一件，明黄纺丝油单案面各一件，明黄油敦布夹套各一件。

暖阁前正面一字摆设宝座三个，面朝南。这三个宝座一个是皇帝

第七章 陈设、尊藏

如今裕陵隆恩殿内景

的，居中；另两个是皇后的，分列在皇帝宝座两旁。每个宝座各随明黄粧缎靠背、迎手、坐褥、足垫一份，明黄云缎夹乞单三件，明黄油敦布夹乞单三件。

正面宝座的前面设连三供案一张，供案上有明黄云缎面杭细里夹套一件、明黄油敦布夹垫子一件、明黄纺丝油单案面一件、明黄油敦布夹套一件。

连三供案的西侧南北方向设宝座三个，是三位皇贵妃的。从北到南，依次是慧贤皇贵妃、哲悯皇贵妃、淑嘉皇贵妃。每个宝座各随明黄粧缎靠背、迎手、坐褥、足垫一份，明黄云缎夹乞单三件，明黄油敦布夹乞单三件。

三位皇贵妃的宝座前面设连三供案一张，案上有明黄云缎面杭细里夹套一件、明黄油敦布单垫子一件、明黄纺丝油单案面一件、明黄

125

油敦布夹套一件。

正面三个宝座的后面是暖阁三间，各悬挂明黄缎织金龙幔一架。在暖阁东边供佛花一座，清明节的前一天安设，到岁暮祭日请出焚化。

中暖阁内悬挂明黄缎织金龙夹壁衣三件。暖阁内摆放宝椅三张。宝椅上铺明黄粧缎褥三份，各随流苏四挂，以及明黄云缎氅单三件、明黄油敦布氅单三件。

暖阁内设金漆戳灯二盏，各随黄铜蜡托盘一个，明黄杭细单套各一件。

中暖阁内的石须弥座上设神龛一座，神龛内铺明黄油敦布夹地平一件、高丽凉席一领。挂缂丝天花壁衣一份、缂丝幔一份。

神龛内设宝床一张，相当于一个大宝座。悬挂夹布垫连明黄片金面纺丝里床刷一件。床下摆明黄片金夹足垫一件。

宝床上设黄、红、绿龙褥三床。褥上设绿锦夹垫一件，摆放明黄龙被三床、三镶枕三个、迎手枕六个，穗全。朱红漆木托六个、明黄云缎夹套二个、绿锦夹垫四件、明黄云缎面纺丝里迎手套六件、明黄油敦布夹套六件、瓷痰盒三件。

宝床上设檀香木架一座、明黄片金面纺丝里帷幄一件。此为香龛。

西暖阁内设明黄云缎夹衣三件，摆放宝椅三张，上铺明黄妆缎褥三份，各随流苏四挂，以及明黄云缎氅单三件、明黄油墩布氅单三件。

西暖阁内设金漆戳灯二盏，各随黄铜蜡托盘一个，明黄杭细单套各一件。

第七章 陈设、尊藏

神龛内铺明黄油敦布夹地平一件、高丽凉席一领。挂明黄云缎天花壁衣一份，明黄云缎幔一份。

西暖阁神龛内设宝床一张，悬挂夹布垫连明黄片金面纺丝里床刷一件。宝床下摆明黄片金夹足垫一件。

宝床上铺黄、红、绿龙褥三床。褥上设

昌陵神龛（张元哲 摄影）

绿锦夹垫一件、明黄龙被三床、三镶枕三个、迎手枕六个，穗全。朱红漆木托六个、绿锦夹垫六件、明黄云缎面纺丝里迎手套六件、明黄油敦布夹套六件、瓷痰盒三件。

宝床上设檀香木架一座、明黄片金面纺丝里帷幄一件。此为香龛。

东暖阁的藏品

裕陵隆恩殿东暖阁建佛楼，储存了大量珍贵物品，可以说价值连城。裕陵的藏品是所有清陵中数量最多、价值最高的，相当于一座珍宝库。根据清宫档案记载，裕陵的藏品如下：

佛楼上设花梨木边柏木心紫檀木雕花供柜一座。须弥座上嵌珊瑚珠十二个，前后镶嵌松儿石八块。

上设紫檀木佛龛一座，外檐随穿假珠灯四支、铜灯四支、铜匾对一副、玻璃欢门十块。

内供铜胎佛一尊，手捧大东珠一颗，连托重一钱，随檀香嵌玻璃背光座。

紫檀木供桌八张，上供象牙佛九尊、金七珍一份、八宝一份、奔巴壶一对，内插孔雀翎、吉祥草。八铃一件。

紫檀木供案一张，上供铜胎八大菩萨八尊，各随檀香嵌玻璃背光座，上各供八宝一份、金塔一对，随紫檀木座。金坛城一对，随紫檀木座。珐琅盆珊瑚树一对，随紫檀木座。珐琅五供一份，随紫檀木香几。

第七章 陈设、尊藏

香靠、烛香、花瓶，内插穿珠花二枝，每枝有饭粒珍珠三十二颗、蓝宝石一块、红宝石二块。穿珠欢门簾一堂、象牙灯四支、匾对一副。

佛龛前设红白毡垫一份，上铺栽绒拜毯一件，随黄布乞单一件。

神龛内，靠北墙，正面挂御笔雕漆挂屏一件，两旁挂御笔雕漆对一副。两旁边悬挂御笔雕漆挂屏各一件。东、西墙悬挂御笔雕漆挂屏各一件，各随黄布套一件。

靠北墙，设楠木宝床一张，上铺白毡一条、红毡一条，上设黄缎绣金龙坐褥、靠背、迎手一份。随黄纺丝乞单三件、布乞单一件。褥上设金洋皮长匣一件，内盛圣容二轴。左设红雕漆匣一件，内盛白玉如意一柄，上拴汉玉豆三个。右设瓷痰盒一件。紫檀木长方罩盖匣一件，内盛洋磁珐琅表二件。

宝床上，左边设紫檀木罩盖匣一件，内盛孝贤皇后挽诗一套二册。

填漆罩盖匣一件，内盛挂轴二轴：文徵明《春秋荣枝》一轴，柯

乾隆帝悼念孝贤皇后诗的雕漆挂屏

乾隆帝书雕漆对联

乾隆帝悼念孝贤皇后诗雕漆挂屏（石海滨 摄影）

九思《书九成宫醴泉铭》一轴。

雕漆匣一件，内盛唐狮砚滴一件，紫檀木座。

紫檀木二层罩盖匣一件，内盛汉玉玩器十九件。

紫檀木商丝圭璧罩盖匣一件，内盛汉玉印色圆盒一件、宝二方。

紫檀木长方罩盖匣一件，内盛成窑五彩钟二件。

填漆二层盒一件，内盛手卷四卷：上层赵孟頫《秋郊饮马图》一册、钱选《孤山图》一册，下层邓文远章草真迹一册、赵孟頫书《道德经》一册。

宝床上右边设紫檀木嵌银片字罩盖匣一件，内盛定瓷小钟一对，紫

赵孟頫《秋郊饮马图》局部（李源《古来多聚散 正似岭头云 清宫藏赵孟頫书画的佚失与重新收集》中的配图，载于2019年第九期《紫禁城》杂志）

檀木座。

紫檀木提梁匣一件，内盛白玉靶钟一件，紫檀木商丝座。御临董其昌仿各家书法册页一套，计二册。

花梨木匣一件，内盛官窑木瓜盘一件，紫檀木座。

填漆方匣一件，内盛哥窑圆洗一件，紫檀木座。

紫檀木描金匣一件，内盛汉玉三喜璧一件，紫檀木座。

填漆长方匣一件，内盛册页二册：董其昌册页一册，马远册页一册。左边设方几一张，上罩黄云缎夹套一件。上设御笔《十全老人之宝说》玉册十片，随黄缎套一件。右边设方几一张，上罩黄云缎夹套一件。上设玉宝一方，随黄缎套一件。

楼檐下，正面悬御笔雕漆匾三面。

东墙上，向西悬御笔雕漆匾二面。

靠东墙设紫檀木大案一张。上设《御制石鼓文序》一册。端砚十方，紫檀木玉字三层匣盛。

《佛说无量寿佛经》一册，红雕漆匣盛。

《御制鸡雏图》桌屏一件。

御制缂丝《心经》一册，紫檀木匣盛。

玉万年甲子一份，玉十二辰十二件，紫檀木罩盖匣盛。

青玉方盒一件，内盛册页一册。

紫檀木嵌螺钿匣一件，内盛玛瑙晶图书八方。

玉板金刚经一匣，计十二块，金漆玻璃罩匣盛。

紫檀木嵌螺钿匣一件，内盛御制诗十册。

圣制《抑斋记》碧玉册页一份，计玉板八块。碧玉宝一方，紫檀木嵌金银片匣盛。

靠西墙，设大案一张，随明黄云缎单套一件。上设青玉宋龙执壶一件，青玉宋龙杯盘一份，计二件，楠木插盖匣盛。

金胎西洋珐琅小执壶一件，上嵌珊瑚顶一个。金胎西洋珐琅杯盘一份，计二件，楠木插盖匣盛。

金胎珐琅西番花杯盘二份，计四件。

银里葫芦碗一件，随盖，楠木插盖匣盛。

珊瑚顶小金多木二件，每件上嵌红宝石四十块，小珍（正）珠三十六颗，每件重二十两五钱，楠木插盖匣盛。

御题诗青白玉碗二件，一件随盖。

青白玉执壶一件。

青白玉双鹿耳杯盘一份，计二件，楠木插盖匣盛。

金胎珐琅西番莲朝冠耳杯盘一份，计二件，楠木插盖匣盛。御题诗红花白地瓷盖钟二件，楠木插盖匣盛。

御题诗青白玉钟一件，楠木插盖匣盛。

蕉叶式青白玉爹斗一件。

白玉爹斗一件，楠木插盖匣盛。

银里葫芦钟二件，楠木插盖匣盛。

青玉碗二件，楠木插盖匣盛。

青白玉碟二件，楠木插盖匣盛。

诗意菱花双耳白玉碗一件，楠木插盖匣盛。

御题诗双耳拱花青玉碗一件，楠木插盖匣盛。

御题诗金里红雕漆钟二件。御题诗碧玉碗一件，楠木插盖匣盛。

第七章 陈设、尊藏

御题诗扎古扎牙木碗一件，随铁鋄金錾花碗套一件。

白锦地红龙瓷钟二件，楠木插盖匣盛。

嘉窑青花白地人物瓷钟一件，楠木插盖匣盛。

彩填漆春寿长方茶盘一件，楠木插盖匣盛。

汉玉靶金义子一把。

御题诗汉玉靶镶嵌掐银丝紫檀木银义子一把，楠木插盖匣盛。

青白玉小盖盒一件，楠木插盖匣盛。

御题诗白玉钟一件。青白玉碟一件，楠木插盖匣盛。

御题诗五彩人物鸡缸瓷杯二只，楠木插盖匣盛。

黑漆里葫芦碟一件，楠木插盖匣盛。

玛瑙钟一件，楠木插盖匣盛。

银里葫芦碗一件，楠木插盖匣盛。

陵图一轴，楠木匣盛，随黄云缎幰单一件。

凡新上任的东陵守护大臣和马兰镇总兵官兼东陵内务府大臣，都要对各陵的陈设、尊藏、各库储存物资、各圈喂养的牛羊数进行清查，看是否账物相符，然后把清点的结果向皇帝奏报。凡各陵的陈设和尊藏物品不仅东陵有详细登记账目，东陵承办事务衙门还要经常向皇帝奏报，所以皇宫也备有东陵的陈设和尊藏物品清册。

清朝灭亡以后，东陵一带土匪横行，盗案屡出，社会动荡不安，这对东陵所藏的大量奇珍异宝无疑是一个巨大的威胁。为此，1913年农历三月东陵守护大臣载泽、溥钊，马兰镇总兵官英秀联衔上书溥仪，请求将东陵所藏的珍贵文物交回北京皇宫。溥仪批准了他们三人的请求。在1915年左右，东陵各陵所藏文物中的绝大多数都交回了北京皇宫。

这在《耆龄日记》《绍英日记》中都有明确的记载。裕陵东暖阁所藏的唐狮砚滴、赵孟頫的《秋郊饮马图》和文徵明的《春秋荣枝》现在都在北京故宫博物院收藏。慈禧陵所藏的几件金执壶盘盏底上都钤有"东陵交回"字样。这都是铁证。

第八章 乾隆帝的随葬品

裕陵地宫里葬了6个人，这是清陵地宫中葬人最多的（景陵地宫里也葬了6个人，与裕陵一样多）。迄今为止，裕陵地宫里的2位皇后和3位皇贵妃的随葬品有多少，都有什么物件，我们还不知道，有待进一步考证。

乾隆帝的随葬品

从已发掘的明定陵地宫可知，皇帝、皇后的随葬品不仅放进棺内，而且在棺外的棺床上的许多箱子里也藏有大量随葬品。因为明陵到现在只发掘了一座定陵，只知道定陵这样，其他明陵是否也这样，现在

裕陵地宫金券内的乾隆帝棺椁

第八章　乾隆帝的随葬品

乾隆皇帝老年朝服像

还不能下结论。

通过已经清理的清陵地宫和虽然没有发掘清理，但史料和档案中有所介绍的地宫，我们不难发现，清朝皇帝、皇后乃至妃嫔、王公、公主的随葬品都放在棺内，棺床上没有摆放随葬品的木箱之类。

裕陵地宫里葬了6个人，这是清陵地宫中葬人最多的（景陵地宫里也葬了6个人，与裕陵一样多）。迄今为止，裕陵地宫里的2位皇后和3位皇贵妃的随葬品有多少，都有什么物件，我们还不知道，有待进一步考证。但是我们从档案中找到了乾隆帝的《乾隆穿戴档》，其实就是随葬品的清单，随葬品如下：

穿戴：天鹅绒绣佛字台正珠珠顶冠（随珠顶一座，珠重三钱七分，金托重二钱九分），绣黄宁绸棉金龙袍，石青缎缀绣金龙补子棉长褂，鱼白纺丝小棉袄，灰色素绸棉中衣，鱼白春绸中衣带，雕珊瑚嘛呢字朝珠（青金石佛头塔，金镶砢子背云，上嵌砢子一块；小正珠八颗，砢子大坠角，松石记念，蓝宝石小坠角，加间三等正珠十颗，珊瑚蝠二个），铜镶砢子四块瓦大鞓带一副（上拴飘带一副，随铜镶砢子飘带束），蓝缎拓金银线珊瑚云大荷包一个，绣黄缎三等正珠豆小荷包一个（计珠四颗），红缎拓金银线松石豆小荷包一个，红缎拓金银线四等正珠豆小荷包一个（计珠四颗），青缎拓金银线珊瑚豆小荷包一个，绣黄缎火镰一把（三等东珠压豆），牛角商丝鞘花羊角靶小刀一把，牛角商丝牙签盒一件，鱼白春绸棉套裤，白布棉袜，青缎凉里皂靴。

随梓宫装去：天鹅绒朝冠一顶（随朝冠顶一座，大正珠顶重二钱六分七厘，东珠十五颗，共重六钱三分六厘，金重七钱九分），得勒苏草拆纻缨冠一顶（缀面珠重一钱八分五厘），黄缂丝面片金边棉朝袍一件

第八章 乾隆帝的随葬品

（珊瑚背云二块，珊瑚坠角四个，加间饭块正珠八颗），绣黄缎棉金龙袍二件，石青宁绸缂丝金龙棉褂一件，石青缎缀金龙补子棉长褂一件，蓝宁绸棉长襟袍一件，石青缎棉长褂一件，白纺丝衫一件，扁桃核朝珠一盘（珊瑚佛头、松石塔、砢子背云，二等饭块正珠大坠角，松石记念，红、黄、蓝宝石小坠角，加间四等饭块正珠五颗，红宝石豆一个，青金珠八个），伽楠香朝珠一盘（珊瑚佛头塔、记念，金镶蓝宝石背云，碧玡玺大坠角，蓝宝石小坠角），金镶松石四块瓦圆朝带一副（铜底版共嵌头等东珠二十颗，乌拉正珠八十颗，上拴金镶松石手巾束一对，共嵌乌拉正珠六十颗，蓝白春绸手巾），蓝缎拓金银线葫芦大荷包一对（东珠云六颗，坠角八个，计东珠十六颗），绣黄缎火镰一把（四等东珠压豆），红缎拓金银线松石豆小荷包一对，红缎拓金银线四等东珠豆小荷包一个（计珠四颗），金镶红宝石松石青金鞘花羊角靶小刀一把，金镶红宝石松石青金牙签盒一件，白玉八块瓦大鞓带一副（上拴飘带一副，随白玉飘带束），蓝缎拓五彩线松石云大荷包一对，红缎拓金银线松石豆小荷包一个，青缎拓鹿绒小荷包一个，青缎拓金银线火镰一把（珊瑚压豆），洋铜珐琅鞘花羊角靶小刀一把，洋铜珐琅牙签盒一件，石青缎绣八吉祥西番九如莲三宝珠当头黄缎绣九龙棉被一床，绣黄缎万字如意边五彩九团龙虞书十二章大褥一床，绣黄缎万字如意边西番莲八吉祥中心如意大褥一床，绣黄缎万字如意边五彩九团龙红蝠流云大褥一床，织香色缎五彩龙棉被一床，紫妆缎褥单一个，石青缎绣八吉祥边黄缎绣蓝喇嘛字心龙凤呈祥顶枕头一个，酱色妆缎边紫心绣香色缎龙凤呈祥顶枕头一个，黄宁绸绒绣棉女龙袍一件，朝袍、金龙袍褂等件缀去金钮子三十三个，红雕漆长方朝珠盒一个，黑漆金花长方带盒一个。

这份《乾隆穿戴档》，现收藏在北京的中国第一历史档案馆。从档案记载来看，并没有人们所想象的字画、书籍、刀剑、文玩、佛像之类的物品。

第九章 在裕陵发生的故事

　　每座皇陵，表面上看是那么的安静肃穆，与世无争。实际上，每座皇陵的背后都隐藏着许多鲜为人知的史实。是宫廷斗争、后妃生活的缩影，是一部用砖瓦木石筑成的清朝历史。

乾隆帝陵：大清陵墓解密

曾想将裕陵所有殿堂地面用花斑石铺墁

　　花斑石是一种比较特殊、少见的石料，质地比较坚硬。此石呈紫红色或紫黄色，石料上有许多不规则的花纹，十分华美。花斑石产自三河县（今河北三河）、涞源县（今河北保定）、怀来县（今河北张家口）、

明永陵方城花斑石垛口

顺义县（今北京顺义）等地。

明永陵的方城和宝城的垛口均用花斑石砌成。其实明定陵的方城、宝城的垛口原来和永陵一样，也是用花斑石砌的。后来在乾隆五十年至

紫禁城养性殿前的花斑石地面（林姝　摄影）

五十二年（1785—1787）维修明十三陵时，废弃了定陵的花斑石而改用澄浆砖，将500多块花斑石运回了北京"以备其他工程应用"。紫禁城的乾清宫、坤宁宫、皇极殿、乐寿堂、宁寿宫、养性殿等处的走廊地面都是用花斑石铺墁的。清朝陵寝中只有嘉庆帝的昌陵隆恩殿的地面是用花斑石铺墁的，而东西两配殿仍为金砖铺墁，仅此一例。

谁也不会想到在营建裕陵时，乾隆十三年（1748），乾隆帝曾降旨将裕陵所有殿宇内的地面均用花斑石铺墁，但后来不知是什么原因而作罢。有的人说，乾隆帝想用明定陵方城、宝城的花斑石修自己的陵。这种说法不对。因为裕陵早在乾隆十七年（1752）就建成了，而修缮明定陵是在乾隆五十年至五十二年（1785—1787），从日期上看就不可能。再者，如果乾隆帝真想用花斑石铺墁自己陵寝的殿内地面，完全可以采用新料，没有必要使用明陵的旧料。

裕陵地宫曾出现过渗水

对于陵寝，皇帝最担心的就是地宫里出现渗水，当然乾隆帝也不例外。但是越怕啥，越来啥。孝贤皇后是在乾隆十七年（1752）十月二十七日葬入裕陵地宫的。就在孝贤皇后入葬之前，地宫里却出现了渗水。这可是一件重大工程事故。乾隆帝很是重视，决心治理地宫的渗水问题。他与长期负责工程事务的工部右侍郎三和探讨渗水的原因。三和也不知是什么原因，一筹莫展。乾隆帝经过认真查找原因，深入思考，认为地宫深入地下，低于宝城，地宫地面铺石两层，出现渗水是难免的，于是将地宫地面铺石改成一层。自改成一层以后，直到嘉庆四年（1799），在长达47年的时间里，地宫再也没有出现渗水，说明这次找到了出现渗水的真正原因，治理的方法是对的。

孝贤皇后入葬之前裕陵地宫出现渗水这件事，在乾隆十七年（1752）的《清实录·高宗实录》上没有记载，在档案里也没找到。那么这件事是怎么被人知道的呢？原来是在25年以后从乾隆帝的一道谕旨中披露出来的。

第九章　在裕陵发生的故事

乾隆四十二年（1777）正月二十三日，乾隆帝的母亲崇庆皇太后去世。第二天，乾隆帝就派诚郡王弘畅、工部右侍郎刘浩等到泰东陵进行修缮。在二月初二日，乾隆帝又给弘畅、刘浩发去了一道紧急谕旨，命他二人赶快到泰东陵地宫查看有没有渗水，急速回奏。同时，乾隆帝向军机大臣们解释了为什么要查看地宫有没有渗水，由此才讲出了乾隆十七年（1752）孝贤皇后入葬前裕陵地宫渗水的这件事。

在处理陵寝地宫渗水一事上，乾隆帝比道光帝强上百倍。乾隆帝在位期间，国家强盛，财力雄厚，完全可以以地宫渗水为理由择地另建陵寝，起码可以重建地宫，将承修大臣治罪并令他们赔款。可是乾隆帝却没有这样做，他以大局为重，以国家为重，没有把事情闹大，而是认真查找原因，积极想办法治理，最后事情得到了圆满的解决。而道光帝却与乾隆帝正好相反。清王朝到了道光年间，国力已经大不如前，道光帝根本不认真查找渗水原因，更不想采取措施治理。他想破

清实录　乾隆四十二年二月上

乾隆帝关于裕陵曾经出现渗水的谕旨 1

乾隆帝关于裕陵曾经出现渗水的谕旨 2

145

东陵宝华峪道光陵被拆毁后地宫遗址

罐子破摔,不顾乾隆帝制定的"昭穆相建"和不许另辟新陵园的祖训,总想到东陵之外的地方另择吉地。同时,道光帝还对建议修理地宫和仍在东陵择吉地的大臣进行嘲讽,拒绝采纳他们的建议。最后,道光帝以地宫渗水为借口,将用了六年时间刚刚建成的宝华峪陵寝全部拆除,搬到西陵重建,给国家造成了极大的浪费和负担。从这件事上看,道光帝比起他的爷爷来差远了。

第九章　在裕陵发生的故事

那拉皇后和淑嘉皇贵妃生前曾两次进入过裕陵地宫

皇帝生前能亲眼看到自己的陵寝地宫，这种情况是不多的，而后妃能进入皇陵地宫，特别是能看到将来自己要葬入的地宫，那更是极为罕见的，可能性几乎等于零。可是那拉皇后和淑嘉皇贵妃居然得到了这个机会，还连看了两次，而且她俩所看到的地宫又是清朝最精美的皇帝陵地宫。

那拉皇后是乾隆帝的第二位皇后，是乾隆帝即位前的侧福晋。孝贤皇后去世后，她先被封为摄六宫事皇贵妃，随后被立为皇后。她为乾隆帝生了2个皇子、1个皇女。淑嘉皇贵妃金氏是乾隆帝的早期妃嫔，她为乾隆帝生了4个皇子，是乾隆帝的宠妃。本来乾隆帝已将那拉皇后的葬位确定在裕陵地宫，后来那拉皇后因与皇帝有了矛盾，失了宠，未能葬入裕陵地宫，而葬入了裕陵妃园寝。淑嘉皇贵妃死后却如愿以偿地葬入了裕陵地宫，永远陪伴在夫君的身旁。

她们俩为什么会有进入裕陵地宫的好机会呢？事情是这样的。

乾隆帝陵：大清陵墓解密

裕陵地宫第二道石门（尚未支顶石柱）

经钦天监选择，乾隆十七年（1752）十月二十七日辰时将孝贤皇后、慧贤皇贵妃、哲悯皇贵妃葬入裕陵地宫。乾隆帝亲自参加了她们的葬礼。十月二十二日，乾隆帝从京城启銮前往东陵。随同一起前往的除大臣之外，还有那拉皇后、嘉贵妃（后来的淑嘉皇贵妃），以及其他妃嫔、公主、福晋等。十月二十四日，他们到达了东陵，驻在了隆福寺行宫。第二天，乾隆帝谒完各陵之后来到了裕陵（当时叫孝贤皇后陵），先在隆恩殿内的孝贤皇后梓宫前奠酒举哀，然后乾隆帝带着那拉皇后、嘉贵妃到地宫里进行了阅视，其他人都没有带。十月二十七日，孝贤皇后的梓宫入葬后，乾隆帝再一次亲自到地宫阅视，与孝贤皇后作最后的诀别。然后，慧贤、哲悯二位皇贵妃的金棺葬入地宫。一切就绪后，乾隆帝命太监搀扶着那拉皇后、嘉贵妃、固伦和

第九章　在裕陵发生的故事

敬公主（孝贤皇后的亲生女儿）到地宫里，与孝贤皇后和二位皇贵妃告别。怡嫔、颖嫔、林贵人、和硕和婉公主、定安亲王福晋、三阿哥福晋在地宫第一道石门外阅视、等候。然后帝后妃等退出地宫，回隆福寺行宫。这次入葬后，地宫的石门并没有关闭，隧道也没有填砌，只有到乾隆帝的棺椁入葬后才会关闭石门，填平隧道。

这一史料，在《大清会典》和《清实录》中都没有记载，是笔者在中国第一历史档案馆藏的档案中查到的，弥足珍贵。

可以想见，当时十分受宠的那拉皇后一想到自己也会葬入这座豪华精美的地宫时，心中一定会窃窃自喜。没想到天有不测风云，13年后，自己由于失宠，葬入了妃园寝，竟与裕陵地宫无缘。

裕陵地宫第一道石门

隆恩殿的三次重修

裕陵始建于乾隆八年（1743），乾隆十七年（1752）完工。在嘉庆八年（1803），隆恩殿拆除重修一次。道光三年（1823），隆恩殿又拆除重修一次。光绪二十三年（1897），隆恩殿再次拆除重修一次。下面把三次的重建情况简略介绍一下。

第一次重修

隆恩殿始建于乾隆八年（1743），到十七年（1752）完工。后期的承修大臣是保和殿大学士傅恒和户部尚书海望等人。到了乾隆三十五年（1770），乾隆皇帝发现隆恩殿出现了严重问题，当时傅恒已死，于是皇帝命傅恒的二儿子、时任工部尚书的福隆安和当年的承修大臣——时任工部左侍郎的三和进行了赔修。

嘉庆四年（1799），办理乾隆帝入葬工程的庄亲王绵课、荣郡王绵亿等人发现裕陵隆恩殿部分木件有糟朽现象，向嘉庆帝作了汇报。因当时嘉庆帝正忙于皇父的永安大典，心情不好，所以没有更多的精

裕陵隆恩殿

力和时间顾及隆恩殿的修缮事宜。乾隆帝入葬后，嘉庆帝就派刑部尚书张若淳、工部尚书缊布前往裕陵勘查隆恩殿的情况，回奏说确实应该修缮。可是因接连几年方向不宜兴工，就没有及时动工。没过多久，嘉庆帝又派户部右侍郎额勒布前去查看隆恩殿的情况，回奏说情况已经很严重，必须抓紧修缮。嘉庆帝本来想让额勒布负责隆恩殿的修缮工程，但由于额勒布因公到陕西出差办事，于是皇帝在嘉庆八年（1803）六月任命庄亲王绵课、工部左侍郎苏楞额、工部右侍郎戴均元为承修大臣，重修裕陵隆恩殿。经钦天监择吉，于嘉庆八年（1803）六月二十五日卯时动土，开运料门。七月初二日卯时，将隆恩殿内的皇帝、皇后、皇贵妃的6块神牌移请到东配殿依次供奉，同时将东暖阁及佛楼内所供奉的各佛像及文玩都移到东配殿南次间。移请神牌的同一天即七月初二日动工开始拆卸隆恩殿，到七月二十八日拆卸完毕。拆卸过程中，发现木件糟朽十分严重，有的木件通身霉烂。西北角有一根木件在拆卸时竟自己折断倒地了。分析其中原因，是当年所选用的木料没有十分干透，里面含有一定的水分。对此，嘉庆帝十分震惊和恼怒。嘉庆帝认为，从乾隆三十五年（1770）隆恩殿重修，到嘉庆四年（1799），还不到30年的时间，木料竟糟朽到如此严重的程度，可见当年营建、赔修时官员们敷衍塞责，草率从事，如不严惩，怎能儆示将来。于是嘉庆帝下令将原裕陵承修大臣和后来的赔修大臣的后世子孙，有的官职全行革退，有的官职降到最低，仅能维持生活，有的被遣派到裕陵工地听候调遣。这次重修工程所用的大件黄松圆木从热河沙堤厂选3件，从通州厂选6件，从洒河桥楗选14件，共23件。从围场采黄松木5700多件。

因为这次重修的许多材料都是现成的，不用开槽、打地基和砌台基、月台，不用雕刻石栏杆和御路石，并且还使用了一部分尚未糟朽的木构件，原来各柱顶石都未动，所以工程进展很快，在嘉庆八年（1803）八月初三日卯时开始竖柱，九月初二日卯时上梁。嘉庆九年（1804）五月十九日巳时合龙，八月二十五日全工告竣。这次重修，把原来隆恩殿及月台周围的石栏杆进行了刮饰见新。将铜瓦钉帽，门窗、隔扇上的铜面叶，檐部罩斗栱的铜檐网，大脊龙吻上的吻链等铜件全部重新镀一次金，将隆恩殿内和暖阁内的供案、宝椅等陈设重新漆饰见新，将隆恩殿前的月台上的一对鼎式铜炉、一对铜鹤、一对铜鹿全部进行了擦拭。重修工程共用了一年零一个多月。第一次重修所用的银两如今还没有查到。

第二次重修

道光二年（1822）三月初，东陵总管内务府大臣阿克当阿，当面向道光帝奏报了裕陵隆恩殿暖阁内外柱子都有糟朽的情况。道光帝对

第九章 在裕陵发生的故事

裕陵隆恩殿

这件事非常重视,在三月初二日就颁发谕旨,命协办大学士、户部尚书英和,军机大臣、礼部尚书文孚前往东陵会同阿克当阿,认真查看裕陵隆恩殿柱子糟朽的情况。三月初四日,道光帝就接到了英和、文孚的回奏,说隆恩殿的钻金柱、围金柱和暖阁内的金柱确实都已经糟朽,油漆爆裂。额枋小窗还有拔缝的情况。对此,道光帝说陵寝工程最为重要,从嘉庆八年(1803)隆恩殿重修,到现在才20年,木柱就糟朽到如此严重的程度,可见当年重修时敷衍塞责,潦草从事。于是下令将嘉庆八年(1803)重修时的承修大臣庄亲王绵课、已升任文渊阁大学士的戴均元和苏楞额交宗人府、吏部严加议处。将绵课、戴均元先拔去花翎,将苏楞额派去裕陵隆恩殿查看糟朽情况,以让他感到羞愧。上次重修隆恩殿所花用的钱粮、物料让承修大臣和下属的监督司员根据办工时间的长短分别赔缴。绵课降为郡王,赔缴嘉庆八年

（1803）重修隆恩殿用银的二成。戴均元降四级留任，赔缴一成。苏楞额革职，赔缴五成。其他二成由那些监督、监修等官员赔缴。共赔银99830两5钱9分1厘。

这次重修裕陵隆恩殿仍命绵课、戴均元、苏楞额三人为承修大臣，由户部尚书英和、户部右侍郎穆彰阿勘估这次重修裕陵隆恩殿工程的费用。共勘估用银50345两7钱2厘，实用银47199两1钱8分7厘4毫。

道光二年（1822）三月二十九日，又添派马兰镇总兵官蒿年办理裕陵隆恩殿重修工程。

道光帝考虑到这次重修裕陵隆恩殿所更换的木件购买很是困难，如果命各省采办，不仅所用时间太长，而且新采伐的木料木制不坚。于是道光帝命直隶总督、顺天府派人在直隶、京城地面遍访庙宇、衙署等地，凡木件尺寸符合裕陵隆恩殿用的，全部拆除，运往裕陵工地，以备选用。用这种方法筹集木料，既快又省钱，而且木料全部是干透了的，质量保证过关。

道光二年（1822）三月二十八日午时，将隆恩殿内的神牌及所藏物品再一次移到东配殿。道光三年（1823）正月十二日开工，道光三年（1823）四月初二日卯时上梁，道光三年（1823）五月十八日寅时合龙。道光四年（1824）正月完工。道光帝派遣原勘估大臣穆彰阿前往查验，工程全部如式合格。神牌和藏品全部移回隆恩殿。于是道光帝对工程承办各员进行了奖赏：绵课赏还亲王并准戴三眼花翎；戴均元赏还太子太保；苏楞额赏还内务府员外郎，准其回京。其他办工人员也都各有奖赏。

本来裕陵隆恩殿原建时用的都是楠木，经过这两次重修，换成了

第九章　在裕陵发生的故事

裕陵圣德神功碑亭大脊上的宝匣

黄松等杂木。

隆恩殿合龙时，都要将一个铜镀金的扁方匣子放在大脊的正中脊筒子里。这个匣子叫上梁宝匣。宝匣内装有八种物品，分别是：

五锞：锞就是小元宝，五锞就是用金、银、铜、铁、锡五种金属铸成的小元宝，每个重三钱。

五宝：蓝、绿、红、黄、白五种颜色的宝石各一块。

五色缎丁：蓝、绿、红、黄、白五种颜色的缎各一尺。

五色线：蓝、绿、红、黄、白五种颜色的线各一两。

五香：芸香、降香、檀香、合香、沉香各三钱。

五药：五种中药，即鹤虱、生地、木香、防风、人参各三钱。

五经：宝经五页。

五谷：五种粮食，即高粱、粳米、白姜豆、麦子、红谷子各一撮。

以上八类物品，在不同的时代，种类也有变化，每种物品的数量也有变化。总之这些物品统称上梁什物。

第二次拆卸裕陵隆恩殿时，发现上梁什物中的五色缎丁、五色线、五经、五香、五药、五谷都已经霉烂了，只有五稞、五宝石经过洗擦见新还可以继续使用。那六种都是重新备办的。

清朝皇陵的明楼、隆恩殿、隆恩门、神道碑亭、圣德神功碑亭大脊的脊筒子里都放置上梁宝匣。皇宫内的重要建筑上梁时也都放置上梁宝匣。何时上梁、放置上梁宝匣，都要由钦天监选择吉期，举行一个隆重的典礼仪式。

在封建社会，人们比较迷信，认为在建筑的最高处正中放置上梁宝匣，有驱恶、避凶、镇邪、祈福、求祥的功效，具有保护建筑的作用，同时也表达了人们祈盼国泰民安、如意吉祥的美好愿望。

第三次重修

第二次重修的隆恩殿的工程质量还是很好的，过了73年以后才进行了第三次重修。

光绪二十三年（1897）八月十九日，东陵守护大臣毓崑、马兰镇总兵官松安向皇帝奏报说裕陵隆恩殿顶部渗漏，瓦片活动，连檐瓦口多有脱落，椽飞望板糟朽，石件走闪，许多砖块酥碱，残破十分严重，要求皇帝赶紧修理。皇帝看了他们的奏折后，命吏部右侍郎溥善、兵部右侍郎寿昌为承修大臣。于同年十二月十四日辰时将神牌和物品移到东配殿，十二月十五日卯时开工。

具体完工、用银等情况有待进一步考证。

第九章　在裕陵发生的故事

铜瓦钉帽被窃案

道光三年（1823）五月二十七日，道光帝接到了东陵守护大臣固山贝子绵岫、镇国公永康、马兰镇总兵官兼总管内务府大臣嵩年联衔写的一件奏折。道光帝看完后大惊失色，十分震怒。这三个人在奏折里向皇帝奏报了什么事情，竟让这位深居九重宫禁的大清皇帝如此吃惊和恼怒呢？

原来，在这年的五月二十日，巡查官员发现裕陵的陵寝门门楼上居然丢失了40个镀金铜瓦钉帽。裕陵可是皇祖高宗纯皇帝的陵寝啊，居然发生了如此严重的盗案，这还了得！有人不免会问，门楼上怎么会有铜瓦钉帽呢？

原来，清朝皇陵的重要建筑为了

裕陵陵寝门

乾隆帝陵：大清陵墓解密

瓦钉帽

防止瓦垅跑坡、瓦片往下滑坠，在檐部的勾头瓦上都钉有很长的钉子，插在灰背上或望板上。钉子的帽是铜镀金的。如果瓦垅比较长，在中部还要有一排或两排腰钉。腰钉的钉帽也是铜镀金的。因为钉帽是镀金的，所以平民百姓一般都误认为铜钉帽是金的，这就引起了一些不良之徒的觊觎之心。陵寝门是后院的门户，有门三座，十分重要。中门较大，规制也较高。两角门相对较小。这三个门的楼顶的前后坡的勾头瓦上的钉帽都是铜镀金的。而这次丢失的正是两旁角门的后坡的铜钉帽，前坡和中门的铜钉帽都没有被盗。盗窃这些铜钉帽并不是很容易的事，短时间内办不成。裕陵和其他皇陵一样，每天都有八旗官兵围着陵院的围墙外更道昼夜巡逻。如果尽心尽职，认真当差，被人越墙偷走门楼上钉帽的事是绝不会发生的。盗案之所以发生，说明这些八旗官兵懒惰成性，不认真巡逻，疏于防守。因此道光帝看了这个奏折后十分吃惊和恼怒。

道光帝看完奏折后，气得大骂值班的八旗官兵"甚属可恶！"，下令将值班的官兵全部革职，归案严加审讯，并命东陵守护大臣、石门理事通判、遵化知州、马兰镇绿营全部出动，缉拿盗犯。裕陵发生这么大的盗案，东陵守护大臣和马兰镇总兵官是严重的失职，且盗案发生几天后，未能发现任何端倪，因此将三人分别交宗人府和吏部严加议处。

到了六月初九日，盗案已发生十几天了，案件仍没有任何进展。于是道光帝又派正在东陵宝华峪营建道光陵的协办大学士、户部尚书英和

第九章　在裕陵发生的故事

前往裕陵，会同东陵守护大臣查办此案。同时将失于职守、查案不力的马兰镇总兵官兼东陵总管内务府大臣嵩年降为三品顶戴，仍参与办案。为了查办此案，后来京城的步军统领衙门、顺天府五城、直隶总督等部门也都参与了。

道光三年（1823）七月到八月初，案件告破，先后抓获了盗案主犯和从犯，丢失的铜钉帽也找到了。九月初二日，道光帝根据刑部的定拟，最后决定将主犯陈黑子、杜常贵二人斩立决，将从犯吴牛子改为斩监候。东陵守护大臣绵岫、永康各降三级，折罚世职俸九个半年。马兰镇总兵官兼总管内务府大臣嵩年疏于防范，其咎尤重，本应革职，但念其查办此案尚属迅速，无一漏网，降为主事，在宝华峪万年吉地工程上效力赎罪。

此案从五月二十日发生，到九月初二日最后定案，历经三个多月。

乾隆帝陵：大清陵墓解密

提前演练乾隆帝棺椁葬入地宫

皇帝、皇后的棺椁入葬地宫，在当时是一件非常重大的事情，不仅礼节繁缛，更主要的是这里面有许多技术性很强的操作，来不得半点马虎大意，不能出丝毫的差错。地宫有斜坡墓道，有四道石门，有四个高门槛，有石棺床。地宫空间小，而进入地宫的人又很多，操作起来十分不便，但帝后的棺椁必须保证绝对的安全，要能平稳顺利地安放在棺床上，不能有任何磕碰。这就决定了这项工作的难度。为了做到万无一失，负责入葬大典的大臣在帝后入葬之前就要提前反复演练，做到非常熟练。

乾隆帝的入葬日期选定在嘉庆四年（1799）九月十五日卯时（早晨六点左右）。在这年的七月，负责这项差使的大臣选定在陵园外以南的石门工部衙门的宽敞后院，作为演练场地。演练棺椁入葬不是简单的事，要按照地宫的实际尺寸做一个1比1的露天的假地宫，再按棺椁的实际大小、重量做一个假棺椁，其重量、规制与真棺椁差不多，放在真的龙𫐓（专门运送棺椁进入地宫的一种平板车）上，就像真的一样进行

160

演练。怎样从斜坡墓道平稳匀速地进入地宫，怎样平稳地通过各个门口、门槛，怎样将棺椁移上棺床，怎样安设龙山石，怎样关闭石门，每一个环节都要做到非常娴熟，万无一失。

后来，在乾隆帝棺椁入葬地宫时，果然非常顺利，没有出现任何的差错。

帝后妃的棺椁就是从这条隧道券进入地宫的

户部尚书兼军机大臣到裕陵当拜唐阿

福长安是孝贤皇后的娘家侄子,是保和殿大学士、赠郡王衔傅恒的第四子。福长安在乾隆后期和嘉庆初年官至军机大臣、户部尚书,封一等侯,可以说是当时的朝中重臣。没想到他曾经差一点被嘉庆帝杀了,后来加恩贬到裕陵当供茶的拜唐阿。我们都知道,拜唐阿是清朝各部院衙门、机构中没有品级,听差干活儿的人。福长安是如何成为裕陵的拜唐阿的呢?后来结局怎么样?事情还得从和珅讲起。

嘉庆四年(1799)正月初三日,乾隆帝驾崩。正月初八日,嘉庆帝指责福长安与和珅同党,于是将他革职夺爵,逮捕下狱治罪。正月十八日,加恩将斩立决改为斩监候,秋后处决。嘉庆四年(1799)八月,朝审时,嘉庆帝并没有将福长安处死,而是加恩宽免了他的死罪。八月十九日,嘉庆帝说:福长安是我皇父培养教育二十多年成长起来的人,当我皇父的棺椁即将离开京师,奉移陵寝之际,福长安如果稍有点良心,因自己获罪不能亲自叩送棺椁,就会痛心流泪,深感愧疚。即使他做不到这一点,但我想起这件事来,将他治罪,我还是有所不忍,因此

第九章　在裕陵发生的故事

大學士一等忠勇公傅恆
休戚元臣與國同休
戚早年金川亦建殊績
定策西師惟汝同
勳侯不戰宜居
首功
乾隆庚辰春
御題

福长安的父亲——保和殿大学士傅恒像

我决定加恩将福长安释放出狱。福长安在我皇父生前经常给皇父奉茶，为了让他能继续伺候皇父，命他前往裕陵，永远充当供茶拜唐阿，让他长期守护在裕陵，感念我皇父对他的深恩，经常反省自己的错误。福长安的父亲傅恒的坟墓也在东陵附近，福长安还可以追思他父亲从前如何受到皇父的恩眷重用。福长安应扪心自问，将来自己应该怎么做才能对得起我皇父，对得起自己的父亲。同时，嘉庆帝还让福长安的儿子锡麟随其父到东陵听差调用。

裕陵茶膳房，拜唐阿在这里熬茶

当年赫赫有名的军机大臣、户部尚书福长安竟成了低微的陵寝茶房拜唐阿！如同从天上一下子掉到了地上。

按道理说，福长安没有被杀头，反而被加恩释放，派到裕陵当供茶拜唐阿，应该感激涕零，好好当差，洗心革面，痛改前非。可是他却以生疮疖为由，没有立刻去裕陵当差，而是隔了些日子才去。嘉庆六年（1801）三月，他又以腿有病为由，要求回京医治。对于福长安

第九章 在裕陵发生的故事

这些非分要求，东陵守护大臣绵亿、弘谦及马兰镇总兵官兼总管东陵内务府大臣成林并没有进行斥责和予以驳回，反而替他向皇帝奏请。嘉庆帝对此勃然大怒：福长安实属胆大妄为！上有我皇父陵寝所在，下有他父亲傅恒的坟墓所在，福长安如果稍有天理良心，也不会轻离陵寝而回京城。无君无父，实在可恶！福长安革职，发往盛京为八旗披甲，交晋昌严行管束，数年后再观后效。福长安的儿子锡麟也随其父去盛京，以盛京的防御补用。

嘉庆帝对绵亿、弘谦、成林也十分不满，于是将他们三个人都交该部严加议处。在议处之外，革去绵亿正蓝旗蒙古都统和管围大臣之职；拔去成林的花翎，革去他的马兰镇总兵官兼东陵总管内务府大臣之职，补授盛京副都统，沿途押解福长安去盛京，并说如果途中福长安出现意外情形，唯成林是问。马兰镇总兵官兼东陵总管内务府大臣之职的空缺由正红旗汉军副都统兴长补授。

福长安以生疮疖为由晚去东陵当差，又想以治腿为由回京，不仅连拜唐阿一职都没保住，被一撸到底，还被发配到盛京披甲为奴，真可谓偷鸡不着蚀把米，反而还牵连了东陵的三位大人物。

福长安被发配到盛京的兴京当披甲。所谓披甲，就是八旗军队中的普通士兵，冲锋陷阵、站岗放哨是他们的职责。福长安在当披甲期间，在查办民人私砍树木一事上，因平时留心暗访，了解了案情内幕，从而使得此案很快解决，于是于嘉庆八年（1803）八月，福长安补授兴京城守尉。

嘉庆八年（1803）十一月初三日，嘉庆帝发现福长安在办理民人私砍树木一案中有谎报情形，于是又将福长安降为骁骑校。嘉庆十年

（1805）八月二十二日，因当差奋勉，福长安升为二等侍卫，其子锡麟升为三等侍卫，调回京师。后来福长安任围场总管。在嘉庆十二年（1807）四月二十二日，嘉庆帝赏福长安为三品顶戴，升为热河副都统。嘉庆十四年（1809）二月初六日，福长安升为头品顶戴，补授围场总管。嘉庆十四年（1809）六月初六日，福长安由围场总管调任马兰镇总兵官兼总管内务府大臣。八年前福长安从东陵调走时，只是一个披甲，被马兰镇总兵官押着。八年后，他回到了东陵，已经升为总兵官了。嘉庆十八年（1813）九月十二日，嘉庆帝命福长安兼署古北口提督。这时福长安已成了整个直隶的最高绿营长官。嘉庆二十年（1815）三月十八日，福长安调回京师，任正黄旗汉军副都统。嘉庆二十一年（1816）六月初二日，福长安为正黄旗汉军副都统，不久又调任正黄旗满洲副都统。嘉庆二十二年（1817）十月二十二日，福长安去世，此时已带都统衔。嘉庆帝赏银300两为其治丧。

福长安虽然受和珅牵连，几乎被杀，后被罚去裕陵充当拜唐阿，可最后结局还算可以，但终究没有恢复当年户部尚书兼军机大臣之位。

第九章 在裕陵发生的故事

裕陵末任翼长阿和轩

阿和轩，是20世纪40年代东陵地区很有民族气节的著名书法家，如今在马兰峪、东陵地区，提起阿和轩来，许多老人和书法界的人还都记得。

清朝每座陵寝都有八旗官兵昼夜巡逻保护。每座皇帝陵设总管1人、翼长2人、章京16人、骁骑校2人、领催4人、披甲76人、养育兵8人，每座皇帝陵计有八旗官兵约110人。皇后陵和妃园寝的八旗官兵依次减少。宫门前的左右值班房就是八旗官兵值班时的栖身之所。只有皇帝陵的八旗兵才设总管和翼长。八旗总管为武职正三品，翼长为武职

曾任翼长的阿和轩照片

正四品，相当于地方的知府，是八旗兵的中级军官。

　　早期的八旗兵能征惯战，十分精锐。清朝入关以后，战事减少，承平日久，八旗兵战斗力大减，产生了严重的腐败。八旗兵成了"老爷兵"，多为纨绔子弟。可是在驻守皇陵的八旗军队的军官中，也涌现出了一批很有成就的书法家和画家，阿和轩就是其中的一位佼佼者。

　　阿和轩，字玉琦，满名叫阿勒当阿，号古稀叟，是裕陵的末任翼长。他虽然是一名八旗兵的武官，但由于天资聪颖、勤学苦练，在文学艺术上造诣颇深，诗词歌赋，都很精通，尤其是他的书法，颇有功底，刚劲有力，雄浑苍劲，遐迩闻名。当时谁要能得到他的一份书法真迹，都会视为珍宝。20世纪40年代，东陵的管理和祭祀停止以后，他闲居在马兰峪。

　　马兰峪早在明代就是京东名镇，自建了东陵之后，更是名声大振。康熙帝、雍正帝、乾隆帝在谒陵时都曾驻跸过马兰峪。东陵守护大臣的东府和西府、东陵承办事务衙门以及许多与皇陵有关的机构都设在马兰峪。裕陵、定陵、惠陵、慈安陵、慈禧陵的八旗营房设在马兰峪东南1.5公里的地方。日伪时期，马兰峪曾经建有飞机场，设有领事馆。马兰峪商业兴旺，店铺林立，文化繁荣，可以说是物华天宝之地，人杰地灵之区。

　　当时马兰峪有一著名布铺"永恒号"。这家布铺的老板和几位掌柜都有很高的文化修养，不仅对历史很了解，而且也都善于书法，很有名气。因此阿和轩经常到永恒号去闲坐，和他们谈古论今，切磋书法，与他们关系非常融洽，阿和轩成了永恒号的座上宾。

　　阿和轩活到老、学到老，不分寒暑，苦练不辍。他家的院子里有一张石桌，上面放着一碗净水和一支毛笔。他每路过此桌，必用笔蘸着水在石桌上写一个字，直到写到满意才过去。他的这种精神很值得我们学习。

阿和轩很有民族气节。日本人知道他是著名的书法家，几次携礼拜求他给写字，都遭到了他的严词拒绝。

阿和轩晚年疾病缠身，产生了严重的悲观厌世思想。他曾作了一首几百字的长诗，哀叹人心不古，世道浇漓，风气不正，感到前途无望。他在诗的开头是这样写的：

终日昏昏醉梦间，无端忧患与谁言？
挥毫懒叙伤心事，编写闲辞解闷烦。

最后他于1944年跳井自杀，享年80岁左右。如今他的后人和亲戚还在。

阿和轩对联

乾隆帝陵：大清陵墓解密

帝后妃五人殓一棺

人世间自从出现棺木后，都是一人一棺，从来未听说两人共用一棺的。至于5个人殓入一口棺内，不用说帝王家，即使是平民百姓都绝对不可能的。然而在裕陵地宫里就出现了乾隆帝与他的1位皇后和3位皇贵妃，5人共殓一棺的奇事。

1928年孙殿英盗陵后，溥仪派几个皇室成员和清朝遗臣到东陵善后，重殓遗骨。在裕陵地宫内，经过三天的搜索，6个人的头颅骨总算找全了。然而除头颅骨之外所剩的骸骨充其量也就只有一半左右，而且其中哪些遗骨是皇后的，哪些是皇贵妃的，以及哪些骸骨是哪位皇贵妃的，根本就不能辨别。唯有乾隆帝的骸骨还能识别，因为乾隆帝身材魁梧高大，所以他的骸骨也比那五个女人的粗大，而且乾隆帝的骸骨都是紫黑色的，比较容易识别。乾隆帝的股骨和脊骨上还连带着皮肉。那么这些帝后妃缺失的骸骨到哪里去了呢？难道也被盗走了吗？盗匪盗的是珍宝，死人的骨头是绝对不会要的。孙殿英指挥匪兵盗宝时，将遗骨、糟烂的衣物乱扔一气，与地宫里的灰浆掺杂在一起，满地都是。匪兵撤

第九章 在裕陵发生的故事

走后，当地的土匪、不法分子一拨又一拨地进入地宫扫仓（盗后再盗），遗漏的散碎珠宝又被搜罗多遍。为了寻找垃圾泥浆里的珍宝，盗匪将地宫里的灰浆、垃圾等用筐、袋等抬出，到河边用水过滤，拣取宝物。这样就必然会将部分遗骨也一并带出，因而造成了骸骨的严重散失不全。

除了那具未腐的孝仪皇后的遗体外，如何重殓1帝1后3妃的遗骨，在重殓遗臣内部产生了严重的分歧。载泽、溥忻、宝熙主张一人一棺，分棺而殓；耆龄、陈毅主张合棺而殓；溥侗主张回天津张园请示溥仪。陈毅认为回津请旨的方法不妥。他说，一旦"皇上"也拿不出好的方法，还不是仍然让我们出主意吗？我们宁可犯错误，也不能把责任推给"皇上"。载泽、耆龄等人都同意陈毅的看法。陈毅对宝熙说，分棺而葬是最合情合理的，但关键是现在我们辨认不出哪些骸骨是皇帝的，哪些是皇后的，哪些是皇贵妃的，以及是哪位皇贵妃的。一旦我们把皇帝、皇后、妃子的骸骨给分错了，将皇后的骸骨按妃子的对待了，把妃子的当成皇后的了，怎么办？我们能心安吗？陈毅的这番话使宝熙顿时醒悟了过来。耆龄比较务实，他始终主张合棺而殓，他说，既然可以葬在同一地宫，就是同穴。既然能够同穴，为什么不可以同棺？这时主张分葬的载泽、溥忻面对遗骨无法分辨的现实，也不得不默认合棺而葬了。这时大家的意见基本统一了，决定合棺而殓，并使用原来的乾隆帝的棺椁。因外椁都已残坏，实在不能再继续使用，只得仅用内棺。他们将乾隆帝的内棺安放在正面棺床原来正中的位置，在棺内铺了5层黄龙缎褥，先将乾隆帝的遗骨放在中间，其他4位后妃的遗骨分别摆放在乾隆帝遗骨的两侧，然后在上面盖了三层黄龙缎被。载泽又将当年得到的光绪帝的两件遗物，即一件龙袍、一件衮服盖在被上。又将那具完整女尸殓入乾隆帝棺西侧的棺中，将地宫内那些糟烂的被褥等丝织物装入东侧的棺中，盖上棺盖。载泽、耆龄、宝熙、陈毅等人退出。由随员徐榕生、志林督率工役封漆棺口，放平石门，堆放残破的棺椁木片，并为翌日掩闭石门、填砌隧道做准备。这一天正是1928年8月30日（农历七月十六日）。

溥仪所派的善后重殓大臣走了以后，不知何时裕陵地宫盗口又被土匪和不法村民扒开，其对地宫再次洗劫，从而破坏了重葬时的原状。1975年清理裕陵地宫时，乾隆帝和他的1后3妃的遗骨仍在原来的棺内，已成了一堆乱白骨。孝仪皇后的遗骨也在原来的棺内，也成了一堆白骨。一直到现在，这些骸骨仍都在棺内。

第十章　内葬人物

乾隆帝不仅在位时间长，而且还是一位多才多艺的皇帝。他精通骑射，通晓多种民族语言，博览儒家经典，擅长诗文、绘画，一生作诗近50000首。他还擅长书法，墨迹遍布全国。从总的方面来看，乾隆帝是清朝比较有作为的皇帝。

乾隆帝陵：大清陵墓解密

掌实权时间最长的皇帝——乾隆帝

郎世宁绘《乾隆皇帝大阅图》轴

乾隆帝爱新觉罗·弘历是清朝入关后的第四位皇帝，康熙五十年八月十三日（1711年9月25日）子时生于雍亲王府，即现在的雍和宫。他是雍正帝的第四子，生母为王府格格钮祜禄氏，即后来的孝圣宪皇后。康熙六十一年（1722）三月，康熙帝将12岁的弘历接进皇宫抚养。雍正元年（1723）八月十七日，雍正帝密定弘历为皇位继承人。雍正五年（1727），经雍正帝指婚，弘历与李荣保之女富察氏即后来的孝贤皇后成婚，弘历当时17岁，富察氏16岁。雍正十一年（1733）二月初七日，弘历被封为和硕宝亲王。雍正十三年（1735）九月初三日在太和殿举行登极大典，弘历正式即皇帝位，时年25岁，翌年改元乾隆元年（1736）。乾隆帝即位后，励精图治，用兵平定准噶尔部叛乱，消灭天山南路大小和卓木势力，两平金川，加强清政府对西部地区的管理。乾隆五十八年（1793），他严拒英国特使

乾隆帝汉装写字像

马戛尔尼提出的侵略性要求，打击了西方殖民主义者的野心。

他非常注重文化教育，开博学鸿词科，访求书籍，完成《明史》《续文献通考》《皇朝文献通考》等书籍的编纂。乾隆三十八年（1773）开四库全书馆，历经10年编成《四库全书》，同时借机销毁、窜改了许多对清朝政权不利的书籍。他又屡兴文字狱，压制反清思想。

他在位期间，五次普免全国钱粮，三次普免漕粮。他好大喜功，挥霍无度，曾六下江南，五次东巡，一次西巡，五幸五台山，四次去盛京祭祖。在他执政期间，清王朝达到极盛。后期，因宠信权臣和珅，大长贪污之风，政治日趋腐败，土地兼并现象越发严重，农民起义规模越来越大，因而国势由盛转衰。嘉庆元年（1796）正月初一日，他将皇位禅让给皇十五子永琰（即位后改名颙琰），自称太上皇帝，但仍训政，掌握着国家大权。嘉庆四年正月初三日（1799年2月7日）辰时，乾隆帝病死在养心殿，享年89岁，在位60年，禅位后训政3年，实际掌权63年。他是中国历史上实际掌权时间最长的皇帝。

他有17个皇子，10个皇女。

乾隆帝是一位多才多艺的皇帝。他精通骑射，通晓多种民族语言，博览儒家经典，擅长诗文、绘画，一生作诗近50000首。他还擅长书法，墨迹遍布全国。从总的方面来看，乾隆帝是清朝比较有作为的皇帝。

乾隆帝去世当天，遗体被移送到乾清宫西次间，申时大殓，将梓宫停放在乾清宫正中。正月二十三日卯时，梓宫由乾清宫移到景山观德殿暂安。四月初七日在观德殿举行册谥礼，上谥号为：法天隆运至诚先觉体元立极敷文奋武孝慈神圣纯皇帝。九月初二日梓宫奉移东陵，九月初七日到裕陵，梓宫停在隆恩殿内。九月十四日将梓宫奉移到方城前芦殿。嘉庆四年（1799）九月十五日卯时葬入裕陵地宫。

乾隆帝一生有多种称号，雍正十年（1732年）雍正帝赐号长春居士，后自称信天主人。70岁以后称古稀天子、十全老人，禅位后称太上皇帝。他在位期间曾四次拒绝臣下给他上尊号。他死后的庙号是"高宗"，道光帝即位后，于嘉庆二十五年（1820）十二月十一日加谥号"钦明"二字。最后庙号、谥号全称是"高宗法天隆运至诚先觉体元立极敷文奋武钦明孝慈神圣纯皇帝"，简称"高宗纯皇帝"。

供奉在天坛的高宗纯皇帝神牌

第十章 内葬人物

一代贤后——孝贤皇后

孝贤皇后，富察氏，镶黄旗满洲人，其父是察哈尔总管李荣保，其弟是保和殿大学士傅恒。她出生于官宦之家，康熙五十一年（1712年）二月二十二日生，比乾隆帝小1岁。雍正五年（1727）七月十八日，经雍正帝指婚，成为弘历的嫡福晋，时年16岁。雍正六年（1728）十月初二日子时生皇长女，雍正八年（1730）六月二十六日申时生皇二子永琏，即后来的端慧皇太子，雍正九年（1731）五月二十四日卯时生皇三女固伦和敬公主。乾隆帝即位后，于雍正十三年（1735）十二

孝贤皇后朝服像

乾隆帝陵：大清陵墓解密

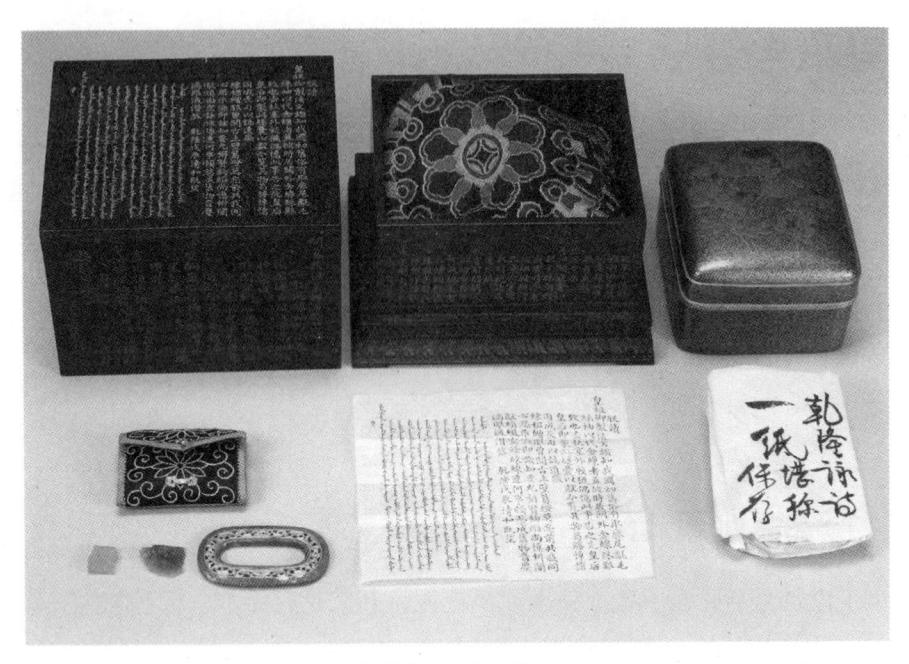

孝贤皇后绣的荷包

月十八日诏立为皇后，乾隆二年（1737）十二月初四日为她举行了皇后册立礼。乾隆十一年（1746）四月初八日子时生皇七子永琮，乾隆十三年（1748）二月随驾东巡，三月十一日亥时病死于回銮途中的德州船上，年仅37岁。

孝贤皇后是一位贤明的皇后，崇尚节俭，衣帽上不饰珠翠等物，而用通草绒花；献给皇帝的荷包不用金银丝线，而用鹿羔皮制作，以表示不忘本。她知书达理，孝敬公婆，对乾隆帝关怀备至。

孝贤皇后身为中宫皇后，母仪天下，统御后宫，十分尊贵，但从不摆皇后的架子。她处事公平，条理分明，御下宽厚仁慈，因此深受众妃嫔和太监、宫女的爱戴。孝贤皇后的这些美德使乾隆帝很敬佩，夫妻恩爱，感情至深。孝贤皇后病逝，乾隆帝悲恸万分，昼夜兼程亲自护送孝贤皇后的遗体回京，三月十四日到天津才大殓。回宫后把梓宫停在长春宫内。三月二十五日梓宫移至景山观德殿暂安。五月二十一日举行上谥礼，册谥为"孝贤皇后"。乾隆帝下令，长春宫不再居住其他妃嫔，仍保留孝贤皇后生前居住时的陈设样子，并把她的衣冠供放在里面，以表示对贤后的怀念。孝贤皇后死时裕陵尚未完工，于是于十月初七日，将孝贤皇后的梓宫从观德殿移到京师东北的静安庄殡宫暂安，把早她去世的慧贤、哲悯两位皇贵妃的金棺停在孝贤皇后梓宫两旁。

乾隆十七年（1752）裕陵完工，当年十月十三日，孝贤皇后梓宫从静安庄殡宫奉移东陵，慧贤、哲悯两位皇贵妃金棺随同奉移。乾隆十七年（1752）十月二十七日辰时，孝贤皇后及慧贤皇贵妃、哲悯皇贵妃葬入裕陵地宫。乾隆帝亲自护送孝贤皇后梓宫至陵，并临视葬入地宫。从此以后，乾隆帝每次到东陵谒陵，都要到裕陵给孝贤皇后奠酒。为寄托哀思，乾隆帝写了大量怀念孝贤皇后的诗篇，在清朝皇帝中，与皇后感情如此之深者，实属少见。

嘉庆四年（1799）九月初六日，嘉庆帝给孝贤皇后加上"诚正敦穆仁惠辅天昌圣"十字，并系高宗庙谥，称"孝贤诚正敦穆仁惠辅天昌圣纯皇后"。嘉庆四年（1799）九月十九日，神牌升祔太庙。嘉庆二十五年十二月十一日（1821年1月14日），道光帝加上"徽恭"二字。道光三十年（1850）五月初二日，咸丰帝加上"康顺"二字。至此，孝贤皇后的全部谥号是"孝贤诚正敦穆仁惠徽恭康顺辅天昌圣纯皇后"，简称"孝贤纯皇后"或"孝贤皇后"。

死后被追赠的孝仪皇后

孝仪皇后朝服像

孝仪皇后魏氏，内管领清泰之女，生于雍正五年（1727）九月初九日，比乾隆帝小16岁。乾隆十年（1745）入宫，封为魏贵人。乾隆十年（1745）正月二十三日诏封为令嫔，同年十一月十七日举行令嫔册封礼。乾隆十三年（1748）七月初一日诏封为令妃，乾隆十四年（1749）四月初五日举行令妃册封礼。乾隆二十一年（1756）七月十五日寅时生皇七女固伦和静公主。乾隆二十二年（1757）七月十七日午时生皇十四子永璐，乾隆二十三年（1758）七月十四日戌时生皇九女和硕和恪公主。乾隆二十四年十一月二十一日（1759年1月8日）诏封为令贵妃，同年十二月十八日（1760年2月4日）举行令贵妃册封礼。乾隆二十五年（1760）十月初六日丑时生皇十五子永琰，即嘉庆帝。乾隆二十七年（1762）十一月三十日丑时生皇十六子。乾隆三十年（1765）五月初九日诏封为皇贵妃，同年六月十一日举行皇贵妃册封礼。乾隆三十一年（1766）五月十一日子时生皇十七子永璘。乾隆四十年（1775）

尚在令妃位上的孝仪皇后

正月二十九日卯时去世，终年49岁。其金棺初停在吉安所，二月初五日卯时金棺奉移到静安庄殡宫，二月十一日巳时册谥为令懿皇贵妃。乾隆四十年（1775）十月十八日辰时金棺奉移东陵，同年十月二十六日午时葬入裕陵地宫，其金棺位于乾隆帝棺位西侧。

乾隆六十年（1795）九月初三日，乾隆帝宣布永琰为皇太子，同时追赠其母令懿皇贵妃为孝仪皇后。乾隆六十年十月二十七日在裕陵（当时还没有裕陵之名）举行册谥礼，正式册谥为"孝仪皇后"。嘉庆四年（1799）九月初六日，册谥为"孝仪恭顺康裕慈仁翼天毓圣纯皇后"。

嘉庆四年（1799）九月十九日，神牌升祔太庙。嘉庆二十三年（1818）正月二十七日，嘉庆帝命人将玉牒内孝仪皇后母家之姓改书魏佳氏。嘉庆二十五年十二月十一日（1821年1月14日），道光帝给加上"端恪"二字。道光三十年（1850）五月初二日，咸丰帝给加上"敏哲"二字。至此，其谥号全称为"孝仪恭顺康裕慈仁端恪敏哲翼天毓圣纯皇后"，简称"孝仪纯皇后"或"孝仪皇后"。

使女出身的慧贤皇贵妃

慧贤皇贵妃朝服像

慧贤皇贵妃高氏，镶黄旗满洲人，初隶包衣。她是河道总督、文渊阁大学士高斌的女儿。雍正十二年（1734）三月初一日，雍正帝发布谕旨，封使女出身的高氏为宝亲王弘历的侧福晋。雍正十三年（1735）九月二十四日，刚刚即位21天的乾隆帝就封高氏为贵妃，同时下令将高氏母家从包衣佐领下拨归镶黄旗满洲，因为当时正是雍正帝的大丧期内，所以册封礼推迟了二十七个月，到乾隆二年十二月初四日（1738年1月23日）才举行。

高氏是名门淑女，通情达理，尽心尽力侍奉皇帝。有时乾隆帝因水旱灾情而担心农民种不了地，打不了粮食，心情郁郁不乐，高氏就陪在皇帝身边，婉言劝慰。她经常用古代名妃的言行来要求自己，十几年如一日。乾隆十年（1745）元旦，正是佳节喜庆之日，未想到高氏得了重病，卧床不起，乾隆帝去看望她时，高氏语重心长地嘱咐乾隆帝要自爱，不要悲伤，当皇帝很不容易。言辞情真意切，使乾隆帝很受感动。虽经全力医治，但高氏病势仍日渐沉重。为了报答这位侍奉自己十几年之久的爱妃，在正月二十三日乾隆帝晋封高氏为皇贵妃，可是刚过两天，就在正月二十五日填仓这天，高氏驾鹤西去了。第二天乾隆帝就赐谥她为慧贤皇贵妃。为了追悼爱妃，乾隆帝写了多首挽诗。她的金棺暂时安置在静安庄殡宫。乾隆十七年（1752）十月十三日，慧贤皇贵妃金棺、哲悯皇贵妃金棺随孝贤皇后梓宫从静安庄殡宫奉移东陵。乾隆十七年（1752）十月二十七日辰时，慧贤皇贵妃和哲悯皇贵妃的金棺随孝贤皇后梓宫葬入裕陵地宫。嘉庆二十三年（1818）正月，嘉庆帝命人将玉牒内慧贤皇贵妃母家之姓改写为高佳氏。

没有福分的哲悯皇贵妃

哲悯皇贵妃富察氏，是佐领翁果图的女儿，雍正初年就成了弘历的格格。雍正六年（1728）五月二十八日午时生皇长子永璜，雍正九年（1731）四月二十七日寅时生皇二女。未想到富察氏命运不佳，就在弘历即位前两个月，即雍正十三年（1735）七月初三日病逝了。她实在没有福分。

雍正十三年（1735）九月十四日，乾隆帝追赠她为哲妃。乾隆元年（1736）十月，举行了追封典礼。乾隆十年（1745）正月二十四日又以哲妃生育皇长子为由，追赠为皇贵妃。两天以后，即正月二十六日追赠为哲悯皇贵妃。金棺暂安于静安庄殡宫，乾隆十七年（1752）十月十三日，哲悯皇贵妃金棺和慧贤皇贵妃金棺随孝贤皇后梓宫从静安庄殡宫奉移东陵，乾隆十七年（1752）十月二十七日辰时，哲悯皇贵妃金棺与孝贤皇后梓官、慧贤皇贵妃金棺同日入葬裕陵地宫。

第十章 内葬人物

朝鲜女人淑嘉皇贵妃

淑嘉皇贵妃金氏，上驷院卿三保的女儿，其兄为吏部尚书金简。她生于康熙五十二年（1713）七月二十五日。其一家为朝鲜人，早年投靠后金，初隶内务府汉军包衣，嘉庆四年（1799）三月二十七日奉旨出包衣，抬入镶黄旗满洲。

金氏初入宫后，于雍正十三年（1735）九月二十四日被封为金贵人。乾隆二年（1737）五月十一日诏封为嫔，乾隆二年十二月初四日（1738年1月23日）举行了嘉嫔册封礼。乾隆四年（1739）正月十四日卯时生皇四子永城，乾隆六年（1741）二月十三日诏封为嘉妃，同年十一月二十二日举行嘉妃册封礼。乾隆十一年（1746）生皇八子永璇，乾隆十三年（1748）七月初一日诏封为嘉贵妃，乾隆十三年（1748）七月初九日亥时生皇九子。乾隆

淑嘉皇贵妃朝服像

十四年（1749）四月初五日举行了嘉贵妃册封礼。乾隆十七年（1752）二月初七日辰时生皇十一子永瑆。乾隆二十年（1755）十一月十五日病逝，终年43岁。乾隆二十年（1755）十一月十六日奉皇太后懿旨，追赠为皇贵妃，第二天谥为淑嘉皇贵妃。金棺暂安于静安庄殡宫。乾隆二十二年（1757）十月二十三日淑嘉皇贵妃金棺奉移裕陵，乾隆帝亲自到静安庄临送。乾隆二十二年（1757）十一月初二日巳时葬入裕陵地宫，其棺位在西垂手棺床上。

嘉庆二十三年（1818）正月二十七日，嘉庆帝命人将玉牒内的淑嘉皇贵妃母家之姓改书金佳氏。

第十一章 内葬人物的故事和传说

在封建社会，皇帝是九五之尊，掌生杀大权。皇后为六宫之首，母仪天下。皇贵妃有"副后"之称，靓丽光鲜。但他们毕竟是人，是血肉之躯，有七情六欲，也有喜乐悲伤。他们有的英年早逝，有的笑到最后；有的寿终正寝，有的陨落他乡。在辉煌精美的后宫，既有享不尽的荣华富贵，也有看不见的剑影刀光。

乾隆帝陵：大清陵墓解密

乾隆帝为什么不想称"祖"

皇帝去世后，他的神牌都要升祔太庙，要由嗣皇帝给先帝起个新的名称，这个新名号就是庙号。中国各朝代往往把开疆建国、创立江山社稷的开国皇帝都称"祖"，把看摊守业的守成皇帝都称"宗"。在多数朝代中，一个朝代称"祖"的只有一个皇帝，遇到特殊情况，也有两个皇帝称"祖"的。一个朝代有三个皇帝称"祖"的很少。清朝在康熙帝以前已经有两个皇帝称"祖"了，一个是努尔哈赤，他是清朝的奠基人，称"太祖"是合理的。另一个是顺治帝，他开创了大一统基业，是清朝入关后的第一帝，称"世祖"也讲得过去。按说康熙帝应该称"宗"，可是雍正帝却说，我皇父按旧的制度、继统关系应该称"宗"，可是古代有"祖有功，宗有德"的说法。我皇父拓土开疆，历史上少有，且在位六十多年，国泰民安，人民安居乐业，从功业上讲，属于开创之主。因此将康熙帝的庙号定为"圣祖"。这样清朝就有三个皇帝称"祖"了。这在中国历史上是少见的。

乾隆帝还有点自知之明。他考虑到自己在位60年，又当了3年太

乾隆帝汉装行乐图

上皇帝，有十全武功，疆土空前扩大，国泰民安，天下太平，把大清国治理得空前强盛，达到了顶峰，完全可以与康熙帝相提并论。既然已有康熙帝称"祖"的先例，他担心自己百年之后，他的儿子也称自己为"祖"。这样，清朝就有4个称"祖"的皇帝了，那就有点不像话了。于是，他在生前就对嘉庆帝和军机大臣们说，我死后"当以称'宗'为是"。后来，在乾隆帝驾崩的当天，嘉庆帝就在命大臣为乾隆帝拟定庙号的谕旨中说，如果论功绩，我皇考本应称"祖"，但我皇考在生前已经有了"称'宗'"的谕旨，不便违抗，所以只能称"宗"。按谥法，"高"有"肇纪立极"的含义，于是决定乾隆帝的庙号称"高宗"。这就是乾隆帝称"高宗"的原因。

乾隆帝生前作的最后一首诗

乾隆帝不仅是一位政治家、军事家、文学家，精通汉、满、蒙、藏、维等多种民族语言、文字，他还精通儒家经典，还擅长书法、绘画。他尤其喜欢作诗，几乎每天都作诗。他是一位高产的诗人。收录到《御制诗集》中的在位期间作的诗有5集、434卷，达41800首。如果加上他还是皇子时作的诗《乐善堂全集》和禅位后当太上皇时作的诗《御制诗余集》，合计作诗近50000首。《全唐诗》收录48000余首，作者有2200多人，而乾隆帝一人作的诗就超过了《全唐诗》收录的总和。

乾隆帝生前作的最后一首诗，叫《望捷诗》，这首诗的内容是这样的：

三年师旅开，实数不应猜。

邪教轻由误，官军剿复该。

领兵数观望，残赤不胜灾。

执讯迅获丑，都同逆首来。

第十一章 内葬人物的故事和传说

要想讲清乾隆帝写这首诗的目的和心情，还得从嘉庆初年的白莲教起义谈起。

嘉庆元年（1796）正月初一日，正是农历的新年元旦，清朝的三大节之日。这一天，在太和殿举行了非常隆重的授受大典，这也是清朝唯一的授受大典。当了60年皇帝的乾隆帝在金銮殿亲手把"皇帝之宝"交给了皇十五子颙琰即嘉庆帝，然后回宫了。紧接着，嘉庆帝在太和殿举行了登极大典。这是举国欢庆之事。

就在欢乐喜庆的气氛在京城的上空还没有完全消失的时候，一场规模空前的农民大起义在湖北省爆发了，这就是清王朝开国以来到嘉庆朝最大的川、楚、陕白莲教大起义。这次大起义如燎原大火，风起云涌，势不可当，很快蔓延到四川、陕西，规模最大时扩展到河南、甘肃，达五省之广。清廷派兵遣将，全力镇压，总是损兵折将，大败亏输。清廷调动了几乎全国的兵力，先后六换统帅，耗银似水，搞得焦头烂额。直到嘉庆九年（1804）才将这次起义彻底扑灭，前后耗费饷银二亿两之多。

圣制望捷诗曰三年师旅开实数不应猜邪教 轻由误官军勦复该领兵数观望残赤不胜 戮执訊迅获醜都同逆首来

《清实录·高宗实录》中载的《望捷诗》

这场战争使清王朝元气大伤。

嘉庆四年（1799）正月初三日，乾隆帝驾崩时，白莲教大起义刚爆发三年，正是势头正猛、发展最快的时候。在前三年，乾隆帝虽然退位了，但实际上仍不放权，牢牢地把持着朝廷大权。所以在起义的前三年，实际上是乾隆帝派兵遣将，指挥镇压。但乾隆帝对于白莲教大起义也是束手无策，一筹莫展，烈火越扑越旺。这是对他自诩十全武功的极大讽刺。

从这首诗可以看出乾隆帝对白莲教大起义的仇视，对领兵将帅无能的愤恨，对起义军越镇压越强大的着急，更反映了乾隆帝的不甘和对胜利的渴望。

从这首诗可以看出，乾隆帝是死不瞑目的。

第十一章 内葬人物的故事和传说

乾隆帝有 36 颗牙齿

正常人的牙齿一般有 28 颗或 32 颗，超过 32 颗的很少。谁也不会想到乾隆帝却有 36 颗牙齿。这事是怎么被人们知道的呢？原来这种说法来自溥仪派去东陵善后的宗室遗臣的日记。1928 年，这些遗臣在对被盗后的裕陵和慈禧陵进行重殓时，其中的耆龄、宝熙、陈毅、徐埴都写有日记。其中徐埴和陈毅的日记最为详细，二人在日记中都记载了乾隆帝有 36 颗牙齿的事。陈毅在日记中还记载乾隆帝的眼眶内有螺旋纹，用灯一照，似有白光射出。

裕陵地宫里共葬了 6 个人，除了那具完整女尸外，还应该有 5 个头颅骨，可是重殓人员连续找了两天，只找到了 4 个头颅骨，剩下的那一个怎么也找不到，这可急坏了这些人。于是，他们怀疑那个未找到的头颅骨有可能在左（东）扇石门下压着的那口棺里。原来，孙殿英匪兵进地宫时，第四道石门推不开，就用炸药炸坏了石门，破门而进。当时两扇石门并没有完全被炸倒，右（西）扇石门的下半截被炸成多块，倒在地上，上半截未掉下来，仍在上面悬着，时刻有掉下来的危险。左

陈毅《东陵纪事诗》中关于乾隆帝有36颗牙的记载

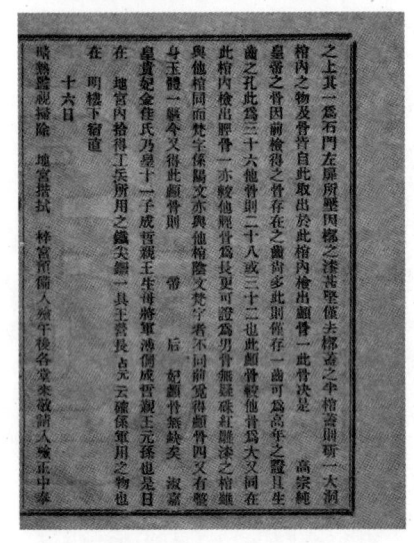

徐榕生在《东陵于役日记》中关于乾隆帝有36颗牙的记载

（东）扇门的上门轴被炸坏，门扇脱离原位，靠压在门后面的一口棺椁上。这口棺椁的椁盖被锯去了一部分，露出的内棺被砍出了一个洞。为了找到那个头颅骨，他们花钱雇了一个人，从那个洞钻了进去，果然找到了一个头颅骨，下颌骨已碎成两块。善后遗臣这次来东陵殓葬，特地花钱从北平地方法院雇来一位名气很大的检验吏俞源，专门负责鉴定尸骨。俞源将已碎的两块下颌骨合在一起，正好是一个完整的头颅骨。经俞源辨认，这是一个男性的头颅骨。裕陵地宫里只有乾隆帝一个人是男的，那这个头颅骨自然就是乾隆帝的了。乾隆帝的头颅骨上只剩了一颗牙，其他的牙已全部脱落了，表明了他的高寿。通过数齿孔发现，他居然有36颗牙齿。人长有36颗牙是极为罕见的。

经检验吏俞源鉴定，凡乾隆帝的遗骨都比较粗大，呈紫黑色，腿及脊部还粘有皮肉。这都是难以想象的。

孝贤皇后生前请谥

清朝皇后的谥号字数满额是16个字。这16个字有一个规律,就是第一个字都是"孝"字,最后四个字都是"×天×圣"。其中最重要的是第二个字,相当于对16个字的概括和代表。在简称皇后时,都用前两个字,或再加皇帝的庙谥。比如康熙帝的原配皇后赫舍里氏,谥号全称是"孝诚恭肃正惠安和淑懿恪敏俪天襄圣仁皇后",其中的"仁"字是康熙帝的庙谥,但简称时,只称"孝诚仁皇后"或"孝诚皇后"。可见第二个字是何等重要。

乾隆十年(1745)正月二十五日,乾隆帝的宠妃贵妃高氏去世,她是乾隆帝即位前的侧福晋,对于高氏的去世,乾隆帝非常痛悼悲伤,追封她为皇

孝贤皇后吉服像

贵妃，没有经大臣们议谥，乾隆帝直接赐谥为"慧贤皇贵妃"。"慧贤"二字对于女性来说，可以说是最佳的字样。孝贤皇后听说高氏的谥号是"慧贤皇贵妃"，非常羡慕，含着泪向皇帝请求说："我朝后谥上一字皆用孝字，倘许他日谥为贤，敬当终身自励，以副此二字。"自己死后能谥以"孝贤"，是皇后生前的多年夙愿。皇后提出这个请求时，她刚34岁，正是年富力强的时候。乾隆帝认为皇后这句话只不过是句笑谈，所以没有在意。

乾隆十三年（1748）三月十一日，皇后死在了东巡回銮途中的德州船上。乾隆帝痛断肝肠。为痛悼皇后，写了一首《述悲赋》，真是字字珠泪，句句含情。其中有"圣慈深忆孝，宫壸尽称贤"之句。乾隆帝发出了一道长长的谕旨，对皇后一生的美言嘉行、高尚品德进行了全面总结和概括。乾隆帝取"圣慈深忆孝，宫壸尽称贤"两句的最后一字，合成"孝贤"一词，认为只有"孝贤"二字才能真正体现和涵盖皇后一生的高尚品格，所以决定谥为"孝贤皇后"。

挽孝贤皇后诗

第十一章　内葬人物的故事和传说

在一般情况下，赐皇后谥号，先由皇帝发出谕旨，然后由礼臣们拟出几个字上奏，由皇帝挑选钦定。而孝贤皇后的谥号，由皇帝直接赐给，未由大臣拟定，表达了乾隆帝对孝贤皇后的深情厚意。

赐以"孝贤"的谥号之后，乾隆帝猛地想起了三年前皇后请求谥以"孝贤"的往事，不由得大为伤感。于是将当时任刑部尚书的著名文人汪由敦召进宫来，向他讲了这件事，命他将这件事写到祭文中去。汪由敦的祭文其中两句是这样写的：

……尚忆宫廷相对之日，适当慧贤定谥之初，后忽哽咽以陈词，朕为欷吁而悚听。

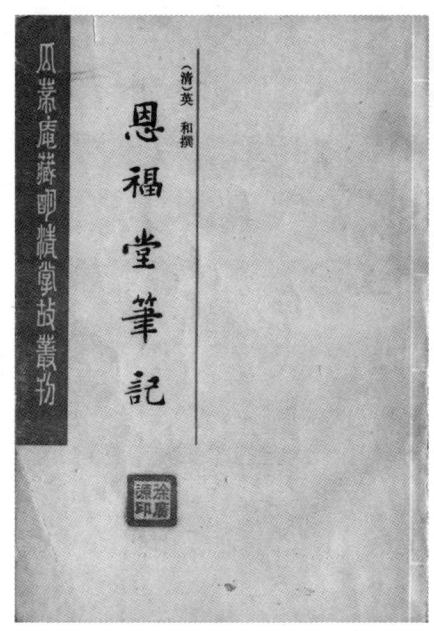

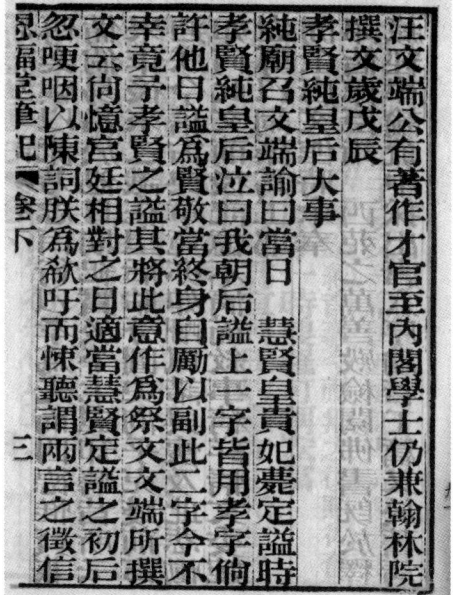

英和著的《恩福堂笔记》封面　　《恩福堂笔记》中关于孝贤皇后请谥的记载

此篇祭文，叙事精当，文词委婉，感人至深，不愧是出于文学名家之手。

道光初年的协办大学士英和著的《恩福堂笔记》中记载了孝贤皇后生前请谥的史实。

我们都知道，一个人的谥号只有在死后才赐予，生前谁也不知道自己的谥号是什么。孝贤皇后在生前就向皇帝请求谥号，这不仅在清朝，就是在中国历史上都是极为罕见的。

68岁的英和画像

第十一章　内葬人物的故事和传说

孝贤皇后为皇帝侍疾百日

孝贤皇后身为中宫皇后，主持后宫事务，有享不尽的荣华富贵，但她并不挥霍。她生来就好节俭，反对铺张浪费。平时，她从不佩戴用金玉珠翠制成的饰件，发际、帽上插的是用通草绒线做的花。她认为用金线、银线制作荷包、香袋等物品是极大的浪费，无异于暴殄天物。

一次，乾隆帝在阅读祖父康熙帝御制的《清文鉴》一书时，得知满洲旧俗有用鹿羔氄毛（幼鹿尾部的细毛）搓成线，代替金线绣在袖口的做法。那时由于满族居住在关外，生活条件艰苦。乾隆帝将这个学习心得告诉了孝贤皇后。言者无意，听者有心。孝贤皇后深受启发。于是她每年进献给皇帝的荷包都用鹿尾绒搓成的线缝制，十分简朴，以此表示她永不忘满洲本色之意。孝贤皇后这种自奉俭约和不忘本的美德，深受乾隆帝的敬佩和尊重。

孝贤皇后孝敬公婆，问安侍膳，恪尽子妇之责，深受公婆的喜爱，与公婆关系十分融洽。

孝贤皇后对待自己的夫君乾隆帝更是感情至深，爱护有加，关心备至。乾隆八年（1743）春，乾隆帝患了疖疮，经过多方医治，才渐渐痊愈。御医一再叮嘱，"须养百日，元气可复"。为了保证夫君的静养休养，不受外界的干扰，孝贤皇后就搬到了皇上寝宫的外屋居住，精心服侍了百余天，见皇上确实康复如初了，才回到自己的寝宫住。

孝贤皇后身为皇后，主持后宫，虽然有许多的权力，但她处事一向公平合理，不妒不偏，深得众妃嫔的敬重。

孝贤皇后可以称得上一代贤后。

孝贤皇后生前居住过的长春宫

第十一章　内葬人物的故事和传说

孝仪皇后的棺位在乾隆帝之西

孝仪皇后是嘉庆帝的生母，她于乾隆四十年（1775）正月二十九日病逝在皇贵妃位上，谥为"令懿皇贵妃"，于乾隆四十年（1775）十月二十六日葬入裕陵地宫。

裕陵地宫中共有七个棺位。在令懿皇贵妃入葬时，地宫里已经葬入了孝贤皇后、慧贤皇贵妃、哲悯皇贵妃、淑嘉皇贵妃，计四个人。正面棺床的正中之位是皇帝的棺位，只能乾隆帝用。那么还剩下两个空棺位，即皇帝棺位之西（右）和东垂手棺床。那么令懿皇贵妃的金棺是摆放在皇帝棺位之西呢，还是摆放在东垂手棺床上呢？

经过反复分析考证和实地的考察，令懿皇贵妃的金棺直接安放在了皇帝的棺位之西（右），主要理由如下：

一、嗣帝生母的身份决定的。

清朝惯例，嗣皇帝的生母如果逝于皇帝之前，是要与皇帝合葬，葬入皇帝陵内的。早在乾隆三十八年（1773）十一月初八日，皇十五子颙琰就被秘密定为皇太子了。令懿皇贵妃去世时，她已经当了两年未来皇

帝的生母了，这就意味着将来一定要葬入裕陵地宫的。原配嫡皇后孝贤皇后的梓宫已安放在皇帝棺位之左（东），嗣帝之母孝仪皇后必然要安放在皇帝棺位之右（西），这是天经地义、合情合理的，不容置疑的。

孝仪皇后棺位及龙山石

二、根据棺床上的龙山石榫眼判定的。

在裕陵地宫中，无论是皇帝、皇后的梓宫，还是皇贵妃的金棺，入葬后，每具棺椁都用四个龙山石固定着，每角一个。每个龙山石的底部都雕出一个榫来，将榫插入棺床上的榫眼里，这样棺椁就被牢牢地固定住了。所以在入葬前，必须在棺床上凿出四个榫眼来。帝、后、妃的棺椁的尺寸是不一样的。所以，凿龙山石榫眼时，必须要知道该棺椁的安放位置，其次要知道该棺椁的准确尺寸，否则不知道在哪里凿榫眼，也不知道四个榫眼之间的距离尺寸。

根据惯例，裕陵地宫棺床上的榫眼由东陵的石门工部办理。关于令懿皇贵妃的葬位和金棺尺寸，已经到了乾隆四十年（1775）九月底了还不知道，于是东陵承办事务衙门直接去催问京城的工部和内务府。

令懿皇贵妃按钦天监选择的吉期，终于在乾隆四十年（1775）十月二十六日葬入了裕陵地宫。这表明东陵承办事务衙门后来得到了令懿皇贵妃的准确棺位及金棺尺寸的回复，在所定的棺位的棺床上按金棺尺寸凿出了四个榫眼，从而顺利地将令懿皇贵妃安葬了。

通过到裕陵地宫现场考察，看到东垂手棺床上没有龙山石榫眼，光光的，而正面棺床上的乾隆帝棺位的右（西）边棺床上凿出了四个榫眼，戳立着四个龙山石。这确凿无疑地证明令懿皇贵妃金棺安放在了帝棺之右（西）。

三、孝仪皇后遗体的发现地点的证明。

裕陵地宫东垂手棺床上没有榫眼

裕陵被盗之后，溥仪很快派出了皇室成员和遗臣到东陵善后。这些人在裕陵地宫的正面棺床的西数第一棺和第二棺之间的棺缝中发现了孝仪皇后的遗体，因棺缝狭窄，尸体夹在其中，妇差抬不起来，于是在大家合力帮助下，才将此尸抬了出来，顺手放在了西北角的棺床上。

盗陵匪徒盗宝时，都是顺手图方便从棺内往外抬尸体的。只有孝仪皇后的棺位在帝棺之右（西），盗匪才会将尸体扔在西面的两棺之间。大家可以试想：其他任何一个棺位的尸体都不会扔到这两棺之间的，盗匪不可能舍近求远，抬着尸体宁肯多走几步，绕远而放到远处位置的。既然孝仪皇后的遗体在西侧两棺之间被发现，只能表明当年令懿皇贵妃金棺入葬时直接安放在了帝棺之右（西）。

综合以上三点，令懿皇贵妃入葬时金棺直接安放在帝棺之西是毋庸置疑的。

直接将令懿皇贵妃金棺安放在皇帝棺位之西（右），是否会暴露皇十五子是皇位继承人呢？是否有可能先将令懿皇贵妃金棺临时放在东垂手棺床上，等公布了皇十五子颙琰为皇太子，继承皇位后，再将令懿皇贵妃金棺移到皇帝棺位之西呢？

这是不可能的。

如果真是这样，东陵承办事务衙门也不会因要凿棺床上的榫眼而着急催问令懿皇贵妃金棺的尺寸。

棺椁不是平时房屋中的陈设，可以随着人的意愿而随便移动，改变位置。棺椁一旦安葬之后，以安静为重，就不能再动。更何况也没有发现有移动令懿皇贵妃金棺位置的文字记载。

乾隆帝共有 17 个皇子，到了乾隆四十年（1775），只剩下 5 个皇子了，那 12 个皇子都去世了。立的皇储是谁，虽然高度保密，但在这 5 个皇子中谁最有可能被立，朝中大臣都能看得出来。再者说，乾隆二十七年（1762）将纯惠皇贵妃葬入妃园寝，而乾隆四十年（1775）却将令懿皇贵妃葬入了裕陵，这已经使人能看出她是皇储之母了。再者说，进入地宫的人不多，知道令懿皇贵妃金棺棺位的人更少。立储是当时国家的头等绝密大事，谁也不敢在背后妄加议论，否则会有杀头的危险。所以直接将令懿皇贵妃金棺安放在皇帝棺位之西，不必担心暴露皇储是谁的问题。

第十一章　内葬人物的故事和传说

乾隆帝杀了慧贤皇贵妃的弟弟和侄子

　　唐代大诗人白居易有一句名言"最是无情帝王家"流传了几百年，为许多人所认同。这句话确实概括了封建帝王的冷酷无情，但也不是所有皇帝全是这样的。有的皇帝与后妃之间也确实有真的感情，比如皇太极与宸妃海兰珠、顺治帝与孝献皇后、乾隆帝与孝贤皇后、光绪帝与珍妃等。

　　皇帝对于一些后妃、大臣必须恩威并用，甚至有时需要六亲不认。因为有的后妃依仗皇帝的宠幸，欺压群芳，或把与她有仇的妃嫔打入冷宫，或强迫她们堕胎，或秘密杀害；有的皇亲国戚、亲信大臣，利用手中的权力，与皇帝争权、架空皇帝，或结党营私、分庭抗礼，或营私舞弊、贪赃枉法，或欺压、陷害忠臣，或役使、戕害百姓，等等，不一而足。对于这些民族的叛逆、国家的蛀虫，皇帝就不能有丝毫怜悯之心，不能姑息手软，就要绝情，即使是皇亲国戚、宠臣心腹、股肱大臣也应毫不手软。乾隆帝诛杀慧贤皇贵妃的亲弟弟和亲侄子就属于这种情况。

诛杀弟弟高恒

高恒在乾隆朝是一位声势显赫的人物,是镶黄旗,属于上三旗。高恒之父高斌历任布政使、两淮盐政使、江南河道总督、直隶总督、吏部尚书、内大臣、协办大学士、军机大臣、文渊阁大学士、江南河道总督、南河总督,是乾隆朝著名的治河大臣,颇受乾隆帝的赞赏,称他治河的功绩"功在民生"。高恒的堂兄高晋历任布政使、巡抚、江南河道总督、两江总督、文华殿大学士兼礼部尚书,同样是朝廷重臣。高恒的胞姐是乾隆帝的宠妃慧贤皇贵妃。高恒是乾隆帝的小舅子。高恒在乾隆五年(1740)以荫生补授户部主事,后来步步高升,迁郎中,先由监督山海关税务,又署长芦盐政。乾隆十六年(1751)又署理天津总兵官,又调任监督淮安、张家口等处税务。乾隆二十二年(1757)任两淮盐运使。乾隆二十九年(1764)五月授上驷院卿,但仍管两淮盐政。乾隆三十年(1765)四月,因其堂兄高晋调任两江总督,为了回避,高恒被调入京师,署户部右侍郎,没过多久又被授为总管内务府大臣。乾隆三十一年(1766)迁正白旗汉军副都统。乾隆三十二年(1767)调正白旗满洲副都统,并署吏部右侍郎。高恒在30多年宦途中,大多数时间管理关税和盐政,这

在贵妃位上的慧贤皇贵妃

第十一章　内葬人物的故事和传说

两项都是人人羡慕的肥差。而且这两种差使又兼有察政观民，侦探地方各种情报，向皇帝密报的重要使命。因此高恒具有特殊的政治地位，表明他深受皇帝的信任。这就给他贪赃枉法、勒索商民提供了极大的便利。高恒凭仗父、兄、姐的权势和帝恩，贪得无厌，不知收敛。乾隆三十三年（1768）六月，新任两淮盐运使的尤拔世举报了他的罪行。乾隆帝十分震惊，高度重视，命江苏巡抚彰宝秘密前往扬州会同尤拔世严查此案，务必水落石出。随着案情的逐步深入，牵连的人有许多官员。乾隆帝又连发许多道谕旨，指导破案。第一道谕旨就将高恒革了职。到最后，仅落实他侵贪帑银达 32000 两，但其抄没入官的家财却有数十万两之多。

乾隆三十三年（1768）九月十三日，军机大臣与刑部经过会商后向乾隆帝奏报，根据高恒所犯罪行，照例拟斩监候，秋后处决。乾隆帝表示同意。所谓"斩监候，秋后处决"，就是判死刑了，但当时不杀，留到秋后才实施。在秋季还有一个"朝审"，对死刑犯再次进行复审，许多被判死刑的犯人在秋审时改为有期徒刑，免于死刑。所以这时高恒还有一线希望。

清朝对判一个犯人死刑十分慎重。规定有"朝审"和"秋审"，分别对在京城刑部在押的死囚犯和各省上报的地方死囚犯重新审查。可是到了乾隆三十三年（1768）十月二十七日在懋勤殿朝审时，乾隆帝对他的这个小舅子高恒并没有留情。乾隆帝说，像高恒这种人，身为盐政大员，侵贪国家银两数万之多，已经国法难容。特别是高恒贪得无厌，肆无忌惮，不知收敛。如果这样的人不加严惩，姑息养奸，将来再出现贪官，还怎么惩治他们！在审讯时，高恒说自己系糊涂犯罪。侵贪国帑，

乾隆帝陵：大清陵墓解密

何等重大之事！能够用"糊涂"二字来解释吗？高恒必须诛杀才能以彰国法，才能平抚民心。于是高恒被杀了。

高恒是名副其实的皇亲国戚，而他本人又在朝廷服官30多年，位高权重，所以想为他说情的人肯定会有的。其中傅恒就曾为高恒说情，但遭到了乾隆帝的严厉拒绝。首先介绍一下傅恒的情况。傅恒的亲姐姐是乾隆帝的原配皇后孝贤皇后，他是乾隆帝的小舅子。傅恒任保和殿大学士和首席军机大臣皆长达21年之久，这在清朝都是少见的。清

保和殿大学士、一等忠勇公傅恒坐像

朝不设丞相一职，但社会上素有"大学士兼首席军机大臣者可称丞相"之说。傅恒多次被乾隆帝派出领兵征讨叛军，被乾隆帝誉为"军国第一宣力大臣"，授为一等忠勇公。其地位之高、权势之大可以想见。

在朝审高恒，乾隆帝即将将高恒勾决时，傅恒在旁边说："看在慧贤皇贵妃的情面上，是否可以饶恕他不死？"傅恒的求情很讲策略，他搬出宠妃慧贤皇贵妃来，想以夫妻之情打动乾隆帝，以免高恒死罪，这一招很巧妙，也很有说服力。同时清朝法律有八议之条，议亲就是其中重要一条。所以傅恒这句话是在建议乾隆帝，饶过高恒于情于理于法都

能说得过去。而这句话又是出自当时朝中皇帝特别宠信的军国重臣和至亲至密的傅恒之口，其分量之重可想而知。可是乾隆帝并不给傅恒一点面子，抬头看了一眼傅恒，冰冷地只说了一句话："若皇后的弟兄犯了法，应该怎么办！"乾隆帝的这句话虽然很短，但含义深刻，非常巧妙而有力量。意思是说，王子犯法与民同罪，岂能因高恒是皇贵妃的弟弟就徇情枉法呢！同时也含有警告傅恒的意思：不要以为你是皇后的弟弟，身居朝廷要职，就可以超越王法。你若犯了国法，照样可以像高恒一样将你处死。傅恒听了，吓得魂不附体，战栗不已。这件事载在昭梿写的《啸亭杂录》卷一"杀高恒"条目里。

诛杀侄子高朴

乾隆帝不仅杀了慧贤皇贵妃的亲弟弟高恒，又把高恒的儿子高朴也杀了。乾隆帝杀了高恒父子二人。

高朴是一个怎样的人呢？在清朝，一人获罪，往往株连家人。但是乾隆帝杀了高恒以后，不仅没有株连其子高朴，反而对高朴关怀备至，十分重用，不断升他的官职。这也可能是念及慧贤皇贵妃之情和其父高斌的治河之功。

乾隆三十二年（1767），高朴由武备院员外郎调吏部。乾隆三十五年（1770）调颜料库兼吏部行走。乾隆三十六年（1771）五月迁广西道御史，同年十月转给事中。乾隆三十七年（1772）四月擢都察院左副都御史。乾隆三十八年（1773）正月署工部左侍郎，十月署理镶白旗满洲副都统，同年九月兼署兵部左侍郎。乾隆三十九年（1774）四月授兵部右侍郎。同年十二月，兼公中佐领。乾隆四十一年（1776）三月授镶蓝旗满洲副都统，同年八月调正白旗满洲副都统。乾隆四十一年（1776）正月兼署礼部侍郎。这时的高朴已经得到了乾隆帝的充分信任，许多事件往往派他前往查办处理。他在朝廷已经是炙手可热、很有权势的人物了。

乾隆四十一年（1776）十一月，高朴出任叶尔羌办事大臣。在距叶尔羌400多里的地方有一座密尔岱山，盛产玉石，以前国家封禁不让采玉，但当地人往往偷采，国家很难禁止。于是高朴向皇帝建议，不如官方开采，这样就可以杜绝私采，乾隆帝同意了高朴的建议。未想到高朴借此机会，大肆役使当地百姓三千多人前去采玉，贪婪索取金宝。高朴还串通商人到苏州等内地贩卖官玉，从中索取金银盈千累万，当地人苦不堪言、怨声载道。高朴还将许多金玉寄回家中。他曾从进献给皇家的许多玉器中挑取好的留给自己，把次品献给皇家。乌什办事大臣永贵得知了高朴的罪行后，上奏给了乾隆帝。乾隆帝十分恼怒，说高朴系慧贤皇贵妃之侄、高斌之孙，经朕加恩录用，不料如此贪黩妄为。乾隆帝认为高朴的贪黩负恩比他的父亲高恒还恶劣。于是下令将高朴革职，命永贵严厉查办，并将其家严密查抄，又从高朴处查出银一万六千余两、金五百余两。案情查实后，乾隆四十三年（1778）九月十六日，乾隆帝在谕旨中命令永贵，一旦案情属实，一面具奏，一面将高朴就地正法。这年的十月，永贵把高朴绑赴叶尔羌城外杀了头。不久又有人揭发高朴在乾隆四十三年（1778）正月孝圣宪皇后的二十七个月大丧期内，演戏听戏，肆行取乐，乾隆帝更是恼怒。于是乾隆帝颁旨，在高朴被杀后，其尸体不许运回内地。

当时的文华殿大学士、两江总督高晋是高朴的伯父，高朴是他的侄子。乾隆帝痛斥高晋徇私容忍,不早早举报,导致高朴获罪甚大。因此下令将高晋交给有关部门严加议处,并严行申饬。

乾隆帝为什么如此坚决、快速地将高朴在当地城外当众斩杀,这里面是有其深刻用意的。高朴作为叶尔羌办事大臣,是皇帝派去的钦差大臣,属于天使(指"天朝"特使),本应该传达圣旨,代君行事,弘扬皇帝的圣德,恩泽黎民,安抚回人,稳定边疆。可是高朴不仅没有这样做,还反其道而行之,役使、苦累当地人民,致使民怨沸腾,几致生变,给朝廷、给皇帝造成了极坏的影响,这是乾隆帝最怕的事情。所以乾隆帝以快刀斩乱麻的手段,从速从重地在当地将高朴诛杀,扩大影响力。这一方面是给当地人看的,起到安抚的作用,挽回朝廷的面子,树立皇帝的天威,同时也能给贪官污吏以警示作用。

实际上,乾隆帝对高斌一家并不是赶尽杀绝的。在乾隆五十二年(1787)二月,乾隆帝发出谕旨,说原任大学士高斌为朝廷效力多年,可是现在他的子孙都获罪了,到现在已经没有在朝廷当官的了。于是将高斌的孙子候补通判高杞调到京城,以内务府郎中补用,以表达皇帝轸念前劳、关心旧臣之意。

第十二章 裕陵的管理机构和保卫机构

随着陵寝的逐步增多，陵寝的管理制度和防护制度也逐渐完善。陵寝守护大臣是皇陵的最高长官。凡陵寝守护大臣都是皇室成员，都姓爱新觉罗。皇陵下设内务府、礼部、工部、八旗、绿营。前三个属于管理机构，后两个属于保卫机构。

最初派的守护大臣和官员

康熙帝去世后，雍正帝认为他父亲的陵寝关系重大，如果按照以往的定例，只派总管等守护，心里觉得很过意不去，但亲自去守陵又不现实，于是决定从兄弟中找一个人封为王爵，在子侄辈内找两个人，封以公爵，代替自己去守护山陵。随后，雍正帝派郡王一人、公二人、大学士一人、尚书二人、侍郎二人、领侍卫内大臣一人、内务府总管一人、副都统二人、散秩大臣二人、乾清门侍卫二人、御前侍卫二人、侍卫四十人前往景陵守护。

雍正帝去世后，葬入泰陵。乾隆帝仿照雍正帝派人守护景陵的做法，派贝勒二人、公一人、领侍卫内大臣二人、尚书二人、都统二人、散秩大臣二人、侍郎二人、内务府大臣一人、副都统二人、乾清门侍卫八人、侍卫四十人前往泰陵守护。

乾隆帝去世后，嘉庆四年（1799）三月十三日，礼部向皇帝上了一道奏疏，请示嘉庆帝是否仿照景陵、泰陵的做法，也派大臣、侍卫等人去守护裕陵。嘉庆帝批示说，除了已经派往的大臣外，仍派领侍卫内大臣一人、散秩大臣二人、侍郎二人、副都统二人、乾清门侍卫八人、侍卫四十人前往守护。三天以后，嘉庆帝便派去了领侍卫内大臣苏凌阿，尚书德福、梁肯堂，都统观音保、隆兴，散秩大臣鄂勒毕图、德生，侍郎鄂岳、韩鑅，副都统隆安、周缉武。同一天，嘉庆帝还派出了总管一名、首领二名、太监二十八名，前往东陵守护裕陵，并给予建造营房。

道光帝即位后，仿照守护景陵、泰陵、裕陵的成例，也派了大臣、侍卫、太监去守护昌陵。

被派去守陵的大臣，多为年老体弱、犯过错、失宠的，或已退休的人员。这些人在守陵期间，如果去世了，出现空缺，不再补替，就是说死一个少一个。一次道光帝谒陵时，发现这些守陵大臣、侍卫等一个个老态龙钟，行动维艰，疾病缠身，于是调回京城一部分，身体较好的继续当差，为国效力。实在不行的，就让他们退休回家。

从道光帝的慕陵开始就停止了这种专派大臣守护陵寝的制度。

清陵的机构

随着陵寝的逐步增多，陵寝的管理制度和防护制度也逐渐完善。陵寝守护大臣是皇陵的最高长官。凡陵寝守护大臣都是皇室成员，都姓爱新觉罗。皇陵下设内务府、礼部、工部、八旗、绿营。前三个属于管理机构，后两个属于保卫机构。内务府、礼部、八旗按陵设置，而工部和绿营不分陵，整个陵园统一设置。

下面就把裕陵的内务府、礼部、八旗的职责、人员配置、关防、营房等情况分别介绍一下。

第十二章　裕陵的管理机构和保卫机构

裕陵内务府

陵寝总管内务府大臣

设置内务府是清朝的首创。内务府不是国家的正式行政机构，而是直接为皇帝、后妃、皇帝的子女服务的特殊机构。凡宫内吃喝拉撒睡，以及皇宫、皇庄、皇家园囿、寺庙的管理和修缮等事，都归内务府管，内务府有时简称"内府"。总管内务府大臣是皇家事务的大管家。而皇陵的内务府则是为已去世的皇帝、后妃及其子女服务的机构。

东陵和西陵各设一名管理各陵内务府的总长官，东陵的称"东陵总管内务府大臣"，西陵的称"西陵总管内务府大臣"。

早期的陵寝总管内务府大臣是专职专任，第一任东陵总管内务府大臣是董殿邦，他原来是皇宫的总管内务府大臣。他是在康熙六十一年十二月十二日（1723年1月18日）随文华殿大学士萧永藻等大臣被雍正帝派往马兰峪守护景陵的，专门负责管理当时陵寝内务府方面的事务。

乾隆四十年（1775）九月二十三日，马兰镇总兵官永昌调任天津镇总兵官，东陵第十七任总管内务府大臣满斗实授马兰镇总兵官，同时仍兼任东陵总管内务府大臣。从此以后，凡马兰镇总兵官和西陵泰宁镇总兵官大都兼任陵寝总管内务府大臣，这成为定制，一直到清朝灭亡以后。但也有特殊情况，少数总兵官也有不兼任陵寝总管内务府大臣的，如乾隆十一年（1746）前后，西陵总管内务府大臣觉和托和他的继任佛伦就不是泰宁镇总兵官。东陵也有这种总兵官不兼任总管内务府大臣的情况。

裕陵内务府人员的设置

郎中1员：一陵内务府的最高长官，正五品。

员外郎1员：为郎中的副职，一陵内务府的"二把手"，从五品。

主事1员：一陵内务府的"三把手"。与郎中、员外郎合称为"司员"或"司官"。主事地位、官职低于郎中和员外郎，官秩为正六品。

尚膳正1员：尚膳正是膳房的主官，专司祭品的制作、运送、摆放等事宜，官秩武正四品。每次祭祀，还负责金银器皿的领取和送还。

尚茶正1员：皇陵的尚茶正是茶房的主官，负责陵寝祭祀时奶茶的熬制、运送及摆放茶具等。奶茶、奶皮、奶干、酸奶系尚茶正带领茶房人及茶房妇人造办。官秩武正四品。

内管领1员：清朝皇陵中设置的内管领带领差役人及各行妇人造办饽饽桌张及西瓜、香瓜桌张。秩正五品。

副内管领1员：副内管领是内管领的副手，协助内管领管理本职差使。官秩正六品。

笔帖式2员：其职能是办理文书档案差使，是动笔杆抄抄写写的文职官员。祭祀时负责叫茶。

膳房拜唐阿9名：拜唐阿是无品级的干杂役的人。膳房拜唐阿是在膳房干杂活的人。同时参与取送金银器皿。

茶房拜唐阿7名：在茶房听差做杂役的人。取送金银器皿。

香灯拜唐阿2名：负责燃息隆恩殿前月台上的鼎式炉内的降香和殿内的灯盏。

领催2名：领催是办理陵寝杂项事务的人，相当于现在一个单位里管后勤的小头头。领催还随同其他人一起启闭门户、搭拆凉棚、安撤桌张、卷放雨搭、抬撤酒樽等。同时参与取送金银器皿。

闲散拜唐阿38名：干杂活的人，没有固定工作地点，哪里需要就到哪里去干活。

首领太监1名、太监3名：前期每陵内务府设太监，遇缺不补，从咸丰朝开始不再设太监。太监的主要职责是祭祀时请送神牌、掸扫殿宇、燃点香灯、安设香饼、斟注供酒等。

扫院人（也叫院行）1名：主要负责隆恩殿前月台上的地面和陵寝门内的地面的打扫、清雪等差使。

树户70名：主要负责陵寝门内树株和仪行树株的管理，树行内杂草的刈割和地面的清扫。

每陵内务府计有员役140人左右。但也不是所有皇帝陵的内务府人员的设置及人数都完全一样，同是一座陵，不同的时期，设置也有变化。同一时期，不同陵的内务府也有差别，但基本是这样。

因为大祭的祭品数量大、差务重，仅靠这些在编人员是忙不过来的，于是在膳房和茶房又增加了许多妇女帮助干各种杂活，相当于现在的临时工。这些妇女都是在陵上当差员役的妻室。

这些执事妇人共分七行：

茶房妇人负责熬奶、起奶皮、做酸奶和奶干等事；

膳房妇人负责做供菜、煮饭等事；

果房妇人负责造办、摆设果品等事；

米上妇人负责捡米；

菜上妇人负责造办小菜；

白面饽饽妇人负责轧烂子面；

黄面饽饽妇人负责轧江黄米面、炸糕等事；

如遇举哀，这些妇人俱轮流进宫门举哀。

各陵膳房和茶房所设的妇女多少不等，每房各有一名妇人头目，其余妇女当时称"伴"。据记载，光绪二十二年（1896）三月裕陵及裕陵妃园寝内务府茶膳房的妇女，茶房妇人头目1人、伴9人，膳房妇人头目1人、伴13人。

陵寝内务府职责

陵寝内务府的主要职责是：到礼部金银器皿库支领、送还祭陵时所用的金银器皿；制作祭陵用的各种祭品及奶茶；管理树木；开启、关闭隆恩门、隆恩殿门；打扫陵内部分地面；支放雨搭，燃熄灯火；请送神牌；摆放桌张，陈列祭品，递献奶茶。

裕陵内务府营房——裕大圈

关内的清朝皇陵，凡内务府营房多数都建在陵园之内，也就是风水

第十二章　裕陵的管理机构和保卫机构

墙之内。东陵只有两个特例，一个是孝东陵的内务府营房，建在了风水墙外的马兰峪城东南，另一个就是昭西陵的内务府营房，建在了风水墙外的景陵的礼部和八旗营房的南面。这三个机构用一道墙围起来，称"南新城"。

孝陵的内务府营房称东沟（现称西沟）。景陵内务府营房称新东沟（现称东沟），不带陵名，也不称圈。

康熙帝的景陵，只有皇帝陵建内务府营房，两座妃园寝不单建内务府营房，所以景陵皇贵妃园寝、景陵妃园寝没有另建内务府营房。

从泰陵妃园寝开始，才单独建立妃园寝内务府营房，而且营房名称冠以陵名。比如，泰陵的内务府营房称"泰陵内务府营房"，泰陵妃园寝的内务府营房称"泰陵妃园寝内务府营房"。东陵从裕陵开始，无论帝后陵还是妃园寝的内务府营房，当地俗称"圈儿"。为什么叫圈呢？因这些营房的周围都用很高大的砖墙圈起来，每个圈只留一个或两个大门。圈外环以护城河，门的前后有影壁。

凡皇帝陵的内务府营房则称"大圈"，冠以陵字，如裕陵内务府营房称"裕陵大圈"或"裕大圈"，或简称"裕大"；凡妃园寝内务府营房称"小圈"，冠以陵名，如裕陵妃园寝内务府营房称"裕陵小圈"或"裕小圈"，或简称"裕小"。一直到现在，这些名称仍在继续使用。

凡是内务府营房都建在

原来的裕陵内务府营房也叫裕陵大圈，现在叫裕大村

原来的裕陵妃园寝内务府营房也叫裕陵小圈，现在叫裕小村

它所当差服务的陵寝旁边，或在陵的东南，或在陵的西面，或在陵的南面。

为什么要把内务府营房建在陵寝的旁边呢？这与中国传统的"事死如事生"的观念有直接关系。内务府人员都是皇帝的奴仆，是专门伺候帝、后、妃的生活起居的。帝、后、妃虽然葬入了陵寝，进入了另一个世界，仍需要这些奴仆昼夜伺候在身边，为了差遣驱使方便，随叫随到，这些人必须时时刻刻恭候在帝、后、妃的身边。所以才将每座陵寝的内务府营房建在陵旁。

每座陵的内务府营房的大门和圈内的房子都朝向他们所当差的陵寝，如果营房建在陵前的东侧，则营房的大门朝西，房子也朝西，都是东厢房。如果营房建在陵前的西侧，则营房的大门朝东，房子也朝东，都是西厢房。如果营房建在陵寝的南面，则营房的大门朝北，房子都是倒座房。总之，内务府的房子没有正房，不是厢房就是倒座房，所以人

第十二章 裕陵的管理机构和保卫机构

们将这些房子称为"望陵房"。

如果陵寝建成后,墓主人尚健在,地宫里没有葬人,还空着,那么该陵的内务府营房及礼部、八旗营房暂不营建,等地宫葬入人以后再建。

裕陵大圈新建的牌楼

裕陵竣工于乾隆十七年(1752),当年就葬入了孝贤皇后、慧贤皇贵妃和哲悯皇贵妃。既然葬入了人,就要有祭祀,就要进行管理,所以裕陵的内务府营房是随着裕陵一起建的,陵建成了,内务府营房也跟着建成了。

裕陵内务府营房当地人称裕陵大圈、裕大圈,现在称裕大,位于裕陵以西,距裕陵的西砂山约150米。裕大圈南北长100丈(约330米),东西宽60丈(约200米),东大门为正门,单檐硬山顶。大门外有一座人工堆的砂山,新中国成立后,这座砂山被铲除。大门内有影壁一座。裕大圈还有一个南大门,门外也有一座砂山。裕大圈周围的墙用大城砖灰砌而成,墙高5米,墙厚2尺8寸,将近1米。

裕大圈坐西朝东,以西为正。南北横向街道有五条,有水井三眼。每个独立小院的大门都朝东,房子都是西厢房。裕大圈是东陵内务府营房中最大、最标准、最完备的内务府营房。直到20世纪70年代末,大门和圈墙才被拆除。

泰陵内务总管之关防
铜质，柱钮。长6厘米，宽9.5厘米，高11.7厘米。故宫博物院藏。

泰陵内务总管之关防印面

"泰陵内务总管之关防"印文

泰陵内务府关防

裕陵内务府关防

清朝的官印有五种，即宝、印、关防、图记、条记。宝的级别最高，一般为帝后、亲王、皇贵妃、贵妃所用。印次之，国家正式机构的官印都称印。宝和印的印面多为正方形。关防，多为非国家的政府行政机构或临时机构的官印。关防为长方形，柱钮，满、汉两种文字，有银、铜、木三种质地，铜质为多。清朝皇陵的内务府、礼部、八旗的官印均为铜质柱钮的关防，满、汉两种文字，都是篆字。

乾隆十二年（1747）对东陵和西陵承办事务衙门、内务府、工部所用的关防重新改铸。孝陵原内务府关防汉字字样为"修造孝陵关防"，改为"孝陵办理事务关防"。泰陵原内务府关防字样为"泰陵修造关防"，改为"泰陵内务府总管关防"。

裕陵的内务府关防也是铜质，柱钮，满汉文合璧，篆体，阳刻。印面长约9.5厘米，宽约6厘米，高约11.7厘米，字样为"裕陵内务府总管关防"。

第十二章　裕陵的管理机构和保卫机构

裕陵礼部

礼部的职责

陵寝礼部也叫奉祀礼部。清朝陵寝的礼部与清朝政府所设的礼部的职权有明显的不同。政府设的礼部主管全国的礼仪、教育、贡举、祭祀等，而陵寝的礼部的职责是：生产和供应制作祭品所用的面、油、糖、果、酒、畜等物品；主持祭礼仪式并监礼、赞礼、读祭文，焚化祝文、纸锞，支搭凉棚；芟除杂草，打扫地面，管理金银器皿库。

礼部的人员设置

各陵的内务府在东陵设有一个总长官——东陵总管内务府大臣。可是各陵的礼部，却没有设整个陵园礼部的总长官，而是直接隶属于陵寝守护大臣。

各陵的奉祀礼部没有本陵的关防。乾隆二年（1737），因为昭西陵、孝陵、孝东陵、景陵相距比较近，各陵所设的郎中等官没有必要各有自己的独立关防，于是将各陵礼部的旧关防上缴朝廷礼部，只铸给"孝陵奉祀礼部关防"。将朝廷各部院的郎中和现任陵寝郎中选拟正陪，引见请旨，命一人掌关防。凡一切陵寝事务，令其会同各陵礼部官员办理，孝陵礼部衙门设在马兰峪城内，就以孝陵礼部衙门为各陵礼部的办事公所，照各部院章程，设立经承二名，有事集体办理，每事立稿存案，这样各陵都是一致的。

裕陵礼部人员的设置如下：

郎中：1员，每陵礼部的最高长官。

员外郎：2员，每陵礼部的副长官。

赞礼郎：4员，大祭时负责赞礼，引导主祭官行进。

读祝官：2员，恭读祝文。

牛吏：2名，饲养牛只。

挤奶人：2名，挤牛奶。

打果人：4名，每逢大小祭祀，领送金银器皿库钥匙并启闭库门，查点金银器皿。抬肉槽安于凉棚内。

割草人：40名，割除树行间的杂草。

扫院人：16名，打扫陵寝前院地面和陵外地面。

喂牛人：15名，喂牛。

屠户：12名，宰杀牛羊。将牲匣抬入隆恩殿内安设，复将牛羊（太牢）抬入，供入牲匣内。

校尉：20名，抬龙亭。

鹰手：4名，交野鸡。

果户：4名，交干鲜果品。

网户：4名，交鲤鱼。

面匠：2名，交白面。

粉匠：2名，交团粉芝麻。

油匠：2名，交苏油。

酱匠：2名，交盐酱瓜子。

酒匠：2名，交江米酒。

糖匠：2名，交江米糖。

共计144人。

礼部营房

礼部营房都建在陵园的风水墙外。东陵的各陵礼部营房与本陵的八旗（兵部）营房建在一起，有共用的围墙和大门，通俗点说就是每陵的礼部与八旗住在一个院内。根据对裕陵、定陵、惠陵、慈安陵和慈禧陵五陵的礼部和八旗营房的实地调查，每陵的礼部的房间在东半部，八旗官兵的房间在西半部，中间有一条较宽的街道。围墙四面各有一门，墙外有排水沟，门前的排水沟上建石平桥。围墙内的房子与内务府营房不一样，不是"望陵房"，主房都是坐北朝南的正房。

裕陵的礼部营房和八旗营房位于五座营房的最北端，其南就是定陵的礼部八旗营房。裕陵的礼部八旗营房也和其他营房一样，礼部员役的住房及相关用房位于该营房的东半部，八旗官兵的住房及相关用房位于西半部。由于档案的缺失，裕陵礼部营房的详细规制和房间数量未见记载，但各皇帝陵的礼部人员设置基本是一样的，那么其营房的房间数量和设置也应该差不多。我们找到了咸丰帝定陵的礼部八旗营房的住房及

乾隆帝陵：大清陵墓解密

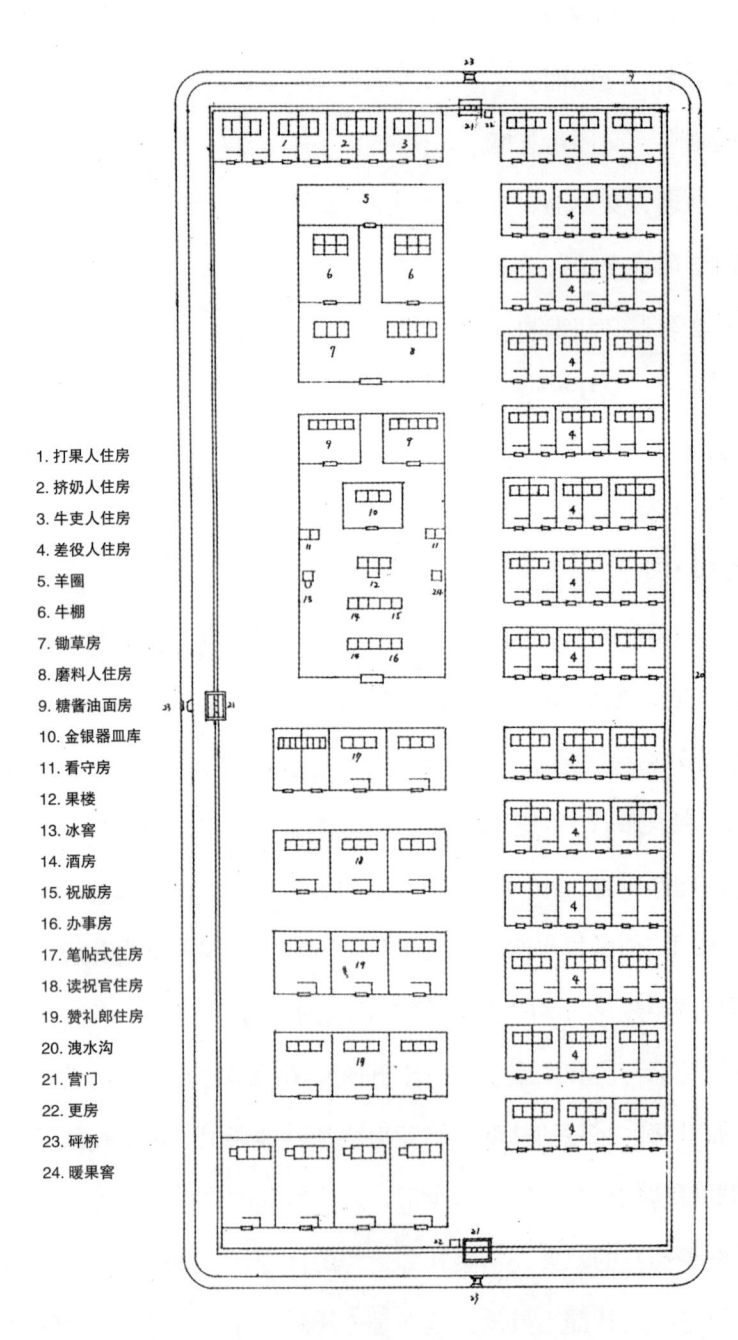

1. 打果人住房
2. 挤奶人住房
3. 牛吏人住房
4. 差役人住房
5. 羊圈
6. 牛棚
7. 铡草房
8. 磨料人住房
9. 糖酱油面房
10. 金银器皿库
11. 看守房
12. 果楼
13. 冰窖
14. 酒房
15. 祝版房
16. 办事房
17. 笔帖式住房
18. 读祝官住房
19. 赞礼郎住房
20. 洩水沟
21. 营门
22. 更房
23. 砑桥
24. 暖果窖

礼部营房示意图（徐广源　临摹）

228

第十二章　裕陵的管理机构和保卫机构

相关用房的档案，可作参考，记载如下：

果楼1座，3间。

金银器皿库1座，3间；围墙凑长21丈3尺2寸。

冰窖1座。

暖果窖1座。

看守房2座，计4间。

祝版房1座，3间；大门1座，1间；祝版房外围大墙及照壁墙共凑长80丈3尺3寸。

油面房1座，5间。

糖酱房1座，5间。

办事房1座，5间。

酒房2座，每座2间。

果楼等处甬路凑长34丈1尺8寸。

牛吏人等住房4座，每座4间。

磨料房1座，3间。

锄草房1座，2间。

牛吏、锄草、磨料、打果、挤奶人住房，门楼10座，院墙、影壁共凑长112丈3尺，甬路凑长23丈5尺8寸。黑牛、乳牛圈房2座，每座3间；门楼2座；围墙、隔断墙凑长55丈5尺6寸。

牛棚前甬路凑长9丈5尺。

羊圈围墙、隔断墙凑长19丈7尺5寸。

门楼1座。

官员房3座，每座3间。

东山耳房 3 座，每座 1 间。

门楼 3 座，院墙、隔断墙、影壁共凑长 83 丈 6 尺。院内甬路凑长 27 丈 3 尺。

员外郎住房 1 座，3 间，东山耳房 1 间。

读祝官、赞礼郎住房 11 座，每座 3 间。门楼 12 座，院墙、隔断墙、影壁凑长 334 丈 4 尺。院内甬路凑长 72 丈 9 尺。

笔帖式住房 2 座，每座 2 间。

差役人住房 84 座，共 168 间、门楼 170 座。院墙、隔断墙、影壁凑长 1438 丈 1 尺 6 寸。院内甬路凑长 557 丈 6 尺。

看守房 3 座，每座 1 间。

大门 3 座，每座 1 间；大门内影壁 3 座。

外围大墙凑长 336 丈 4 尺 2 寸。

大门外添修一孔砰桥 1 座，拆修 1 座。

砰桥 2 座。

食水井 4 眼。

裕陵礼部的人员设置与定陵是一样的，所以裕陵的礼部营房规制可参考定陵的礼部营房。

第十二章 裕陵的管理机构和保卫机构

裕陵八旗

八旗的职责

陵寝的八旗指的就是八旗官兵，也称兵部。清王朝对皇陵的安全极为重视，派遣最亲信的八旗兵进驻陵园内，直接保卫各陵寝。八旗兵是按陵设置的。他们的主要职责是：沿着陵院墙外的更道昼夜巡逻，每座陵寝宫门外的值班房就是他们的栖身之所；掌管礼部金银器皿库外层门的钥匙；参与陵寝的部分祭祀活动，比如，章京、骁骑校与礼部的赞礼郎抬请果桌；启闭宫门；妃园寝大祭时，披甲人抬请肉槽安于凉棚内；将祭品桌抬请到享殿内和各宝顶前。

裕陵八旗官兵住的值班房

裕陵八旗官兵的设置

总管 1 员　　翼长 2 员

章京 16 员　　骁骑校 2 员

领催 4 名　　披甲 76 名

养育兵 8 名

共计 109 人。

八旗营房

东陵的八旗营房和礼部营房的设置与西陵是不一样的。

东陵的每座皇帝陵和皇后陵的八旗营房和礼部营房建在一起，圈在一道围墙之内，礼部房间在东部，八旗营房在西部。妃园寝的八旗营房建在该陵的皇帝陵的八旗营房内。而西陵，每座陵的八旗营房和礼部营房各自单独建立，妃园寝的八旗营房也单独建立。八旗营房的周围虽然也用高大的砖墙围着，但不称圈，就称营房。哪陵的八旗营房，就在营房二字前面加上陵名即可，如泰陵八旗营房，简称"泰陵营房"。

各皇帝陵的八旗官兵的配置基本一样，所以其营房的规制、房屋数量也基本一样。根据《昌瑞山万年统志》记载，裕陵的八旗官兵的设置与定陵的一样，那么裕陵的八旗营房的规制、布局和房间数量与定陵的八旗营房应该是大同小异的。现在找到了定陵的八旗营房的档案，也就等于知道了裕陵的八旗营房的基本情况。请看定陵八旗营房的记载：

正副总管住房 3 座，每座 3 间；厢房 4 座，每座 2 间；大门 3 座，每座 1 间；门楼 3 座。

章京住房 24 座，每座 3 间；耳房 24 座，每座 1 间。

骁骑校住房 3 座，每座 3 间。

笔帖式住房 2 座，每座 2 间。

印房 3 座，内正房 3 间，厢房 2 间，耳房 1 间。

披甲人住房 60 座，每座 4 间。

看守房 2 座，每座 1 间。

外围大门 2 座，每座 1 间。

官员门楼 28 座。

笔帖式、披甲人门楼 122 座。

大门内影壁 2 座，各长 1 丈 9 尺。

外围大墙凑长 202 丈 9 尺 2 寸。

总管、章京、骁骑校、印房、披甲人院墙、隔断墙凑长 1225 丈 9 尺 3 寸。

披甲人山石院墙、隔断墙凑长 650 丈 3 尺 2 寸。

影壁共凑长 171 丈 8 尺 5 寸。

甬路共凑长 632 丈 2 尺 8 寸。

食水井 4 眼。

粘修大门外砰桥 2 座。

关帝殿 1 座，3 间，拆盖山门 1 座。院墙凑长 24 丈 3 尺 2 寸。随门口 2 座。海墁甬路凑长 5 丈 7 尺 2 寸。清朝历来推崇关羽的勇武精神，所以在陵寝的各八旗营房内都建有关帝庙。笔者曾到裕陵八旗营房的关帝庙内观赏过。

通共销算工料银 146043 两 4 钱 6 分 1 厘。

裕陵八旗营房关帝庙老照片

据实地调查，东陵的八旗营房内所建的关帝庙在营房的北门内路西，坐北面南。笔者曾亲眼见过裕陵、定陵、惠陵三陵的八旗营房的外围墙和关帝庙。如今这些八旗营都已成了村庄，原房屋和围墙及关帝庙都已无存，老水井还保留几眼。而村名仍沿用旧名，如裕营房。

裕陵的八旗关防

清东陵文物管理处现藏有景陵和裕陵的两枚关防。规制、质地基本是一样的，只是年号、日期不同，尺寸微有差异。现在介绍一下裕陵的兵部关防：全为铜质，印面长 9.9 厘米、宽 6.2 厘米，台高 2 厘米，柄长 9.5 厘米。满、汉两种文字，汉文为"裕陵看守山河关防"，满、汉

第十二章 裕陵的管理机构和保卫机构

裕陵兵部关防　　　　"裕陵看守山河关防"印文

文字均为篆书，阳刻。台的侧面（长边）一侧阴刻"嘉庆五年四月日；嘉字二百三十七号"。台的背面（印面的背面）一边阴刻"裕陵看守山河关防，礼部造"，楷书。另一边用满文阴刻同样的内容。

东陵工部

工部不是每座陵都设的，而是整个东陵只设一个工部。因设在石门，所以东陵工部也叫"石门工部"。虽然裕陵不单独设有工部，但本书既然已经介绍了内务府和礼部、八旗，为了让读者有一个完整的了解，也有必要介绍一下东陵工部的情况。

陵寝工部的职责

陵寝工部主要负责各陵寝的一般性维修和保养，也就是所说的"岁修"。从朝廷工部请领银500两，存库备用，每次工竣后造册向朝廷工部核销。凡有重大兴建和修缮工程即专案工程，则由朝廷钦派大臣实地察看勘估，造册报送朝廷审核批准，然后由皇帝委派承修大臣办理，钱粮由朝廷另拨。东陵工部不负责营建陵寝和另案工程。

陵寝工部还承担制作祭陵用的部分金银器皿的差使。

制造各陵寝清明节祭陵时在帝、后及妃嫔等墓主人神牌前和宝顶前供放的大佛花、小佛花。

制备清明节行敷土礼所用的净土、黄布鞋套、筐、扁担。

制备祭祀时焚烧的五色纸、三色纸、素纸、金银锞等。

各妃园寝四时大祭时，工部司员还负责安放桌张、摆列酒樽等。

每月工部官员带领匠役搜检松虫一次。

陵寝工部的人员设置

由马兰镇绿营总兵官编纂的《昌瑞山万年统志》记载如下：

郎中1员、员外郎4员、笔帖式4员、书吏2名（悬缺）。

匠役140名，计13行，其中：

锡匠6名	搭材匠8名
锞子匠6名	桶匠7名
木匠26名	裁缝匠7名
瓦匠32名	打纸匠6名
石匠7名	铁匠7名
油匠13名	锯匠7名
裱匠8名。	

东陵工部的营房

根据清宫档案记载，东陵的石门工部衙署24间，其中工部大堂3间、库房19间。郎中、员外郎每人给房3间，笔帖式每人给房2间。

东陵工部的关防及隶属变化

石门工部原建于康熙年间，那时就设在石门，开始称石门工部。那

乾隆帝陵：大清陵墓解密

时石门工部的官印就是关防。

东陵的工部关防于康熙二十五年（1686）九月颁发，其关防汉文为"陵工管理修造事务工部"，满汉双书。其关防由陵寝守护大臣掌管。乾隆十二年（1747）五月，将原关防收回，颁发新关防。新关防的汉文为"东陵工部办理事务关防"。

东陵工部关防

清东陵文物管理处现藏有东陵工部关防一枚，全为铜质。印面长9.7厘米、宽6.2厘米，台高2厘米，柄长9.9厘米。满、汉文合璧，汉文为"东陵工部办理事务关防"，满汉文均为篆书，阳刻。台的侧面（长边）一侧阴刻"乾隆十六年五月日；乾字六千五百六号"。台的背面（印面的背面）一侧阴刻"东陵工部办理事务关防，礼部造"，楷书。另一侧阴刻同样内容的满文。

乾隆五年（1740）以前，东陵和西陵的工部司员直接由朝廷的工部管辖。乾隆五年（1740），经马兰镇总兵官布兰泰奏请，将石门工部的官员改由东陵守护大臣管理。这样每遇大小各工程由陵寝守护大臣直接派工部司员估修，所需钱粮不向国家工部奏报，直接咨明工部办理。后来，这种做法被认为是"殊非敬事之道"，所以从乾隆二十四年（1759）以后，东西二陵的工部又改归朝廷工部管辖。

东陵工部关防印文

238

第十二章　裕陵的管理机构和保卫机构

马兰镇绿营

东陵绿营兵的沿革及设置

　　绿营兵是清朝国家军队八旗兵之外的又一种。因军旗为绿色，故名绿旗兵，又因以营为基层单位编制，所以也叫绿营兵。

　　清东陵整个陵园分前圈和后龙两部分，以孝陵的后靠山昌瑞山为分界，山以南是前圈，以北为后龙。各陵寝均建在昌瑞山以南的前圈内，后龙则为风水禁区。整个东陵陵园面积约为2500平方公里。派到皇陵护陵的八旗兵仅有1200人左右，只能进驻陵园直接保护各陵，根本没有更多的兵力再维护整个陵园的安全，所以保护整个陵园安全的任务则由绿营兵来担负。

　　东陵昌瑞山东侧的马兰关亦称马兰口，为长城隘口，南与马兰峪相望，东傍崇山峻岭，西倚昌瑞山左翼之山，是前圈和后龙的交界处。南可控制前圈，北可统驭后龙，位置非常重要。

　　康熙初年，马兰峪、马兰关以西被划为皇家陵园，为加强防卫力

"马兰镇"匾

量，康熙二年（1663），清廷派副将一员率领绿营兵驻守马兰关，负责整个东陵的安全防护。

雍正帝即位后，为了加强对皇陵的防护，将驻守皇陵的一协绿营军队增加为一镇，改协为镇。将马兰协第十七任副将范时绎升为第一任马兰镇总兵官。总兵官所辖的绿营兵的建制称镇，相当于现在的军分区。根据清制，绿营的"镇"前冠以此镇军队的驻防的地名，比如天津镇、重庆镇，所以驻

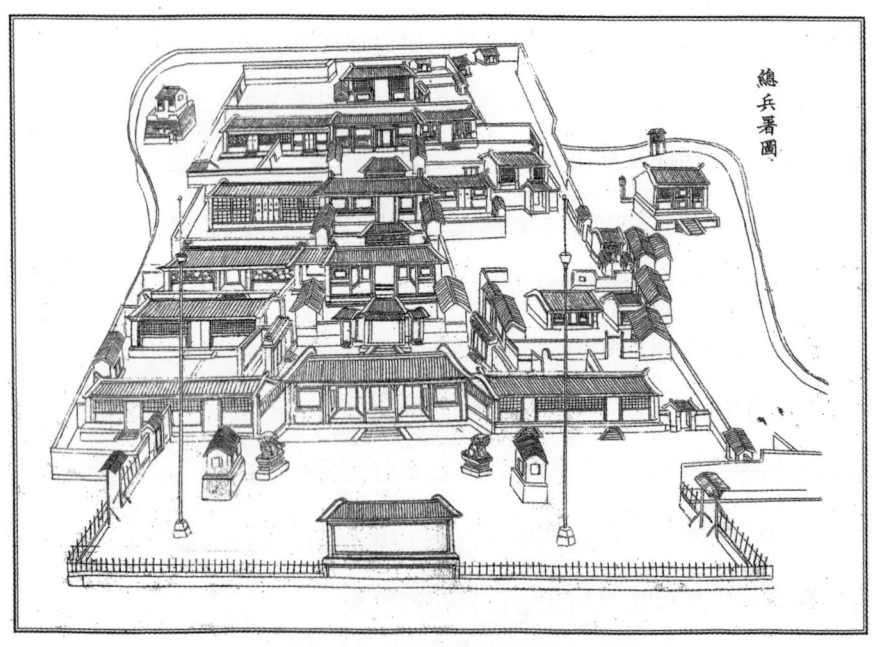

马兰镇总兵署是马兰镇绿营的最高指挥机关

守在马兰关（当时也称马兰口）的绿营就称"马兰镇"。现在的乡镇的"镇"与绿营的"镇"是完全不同的两个概念。从乾隆后期开始，马兰镇总兵官兼任东陵总管内务府大臣。

马兰协的副将都是八旗汉军。自雍正元年（1723）改协为镇以后，整个雍正年间的七任马兰镇总兵官中，除特恒一人为正白旗满洲外，其余依然都是八旗汉军。自乾隆帝即位以后，除极个别为八旗汉军、八旗蒙古外，其余均为八旗满洲。这也表明了皇帝对皇陵防护的重视。

东陵绿营的主要职责

东陵和西陵的绿营兵不仅要保卫皇陵的安全，同时也担负着其他许多差使。绿营的主要职责是：

1. 防护整个陵园的安全，防火、防盗、防破坏，禁止百姓进入陵园内采药、开荒、种地、开矿；保护树株，严防砍伐树木、烧毁树林。

2. 开割、清理火道；沿风水墙昼夜巡逻；在后龙内和外围进行巡逻保护。疏通陵园内河道淤泥，清理垃圾。

3. 护送来往东陵的重要钦差。

4. 维护、弹压陵园内施工工地的秩序。

5. 捕捉小鹿（活鹿），贡献朝廷，以备祭祀之用。

6. 保护风水墙各口门；巡逻各陵神路及神路上的相关建筑，比如各陵的下马牌、圣德神功碑亭、龙凤门、神路桥等。

7. 保护陵园外各陪葬墓。

8. 保护京城至东陵、京城到热河避暑山庄的沿途两路行宫。

9. 临时交办的各种差使。

昔日的马兰峪鹿圈沟如今变成了公园

如今的鹿圈沟公园内景

第十二章 裕陵的管理机构和保卫机构

东陵绿营的兵力布防

在清朝，昌瑞山一带最早驻扎绿营兵始自顺治十五年（1658），那时顺治帝的孝陵还没有建。由皇贵妃董鄂氏（孝献皇后）生的顺治帝的皇四子荣亲王于顺治十五年（1658）八月二十七日葬入黄花山下的荣亲

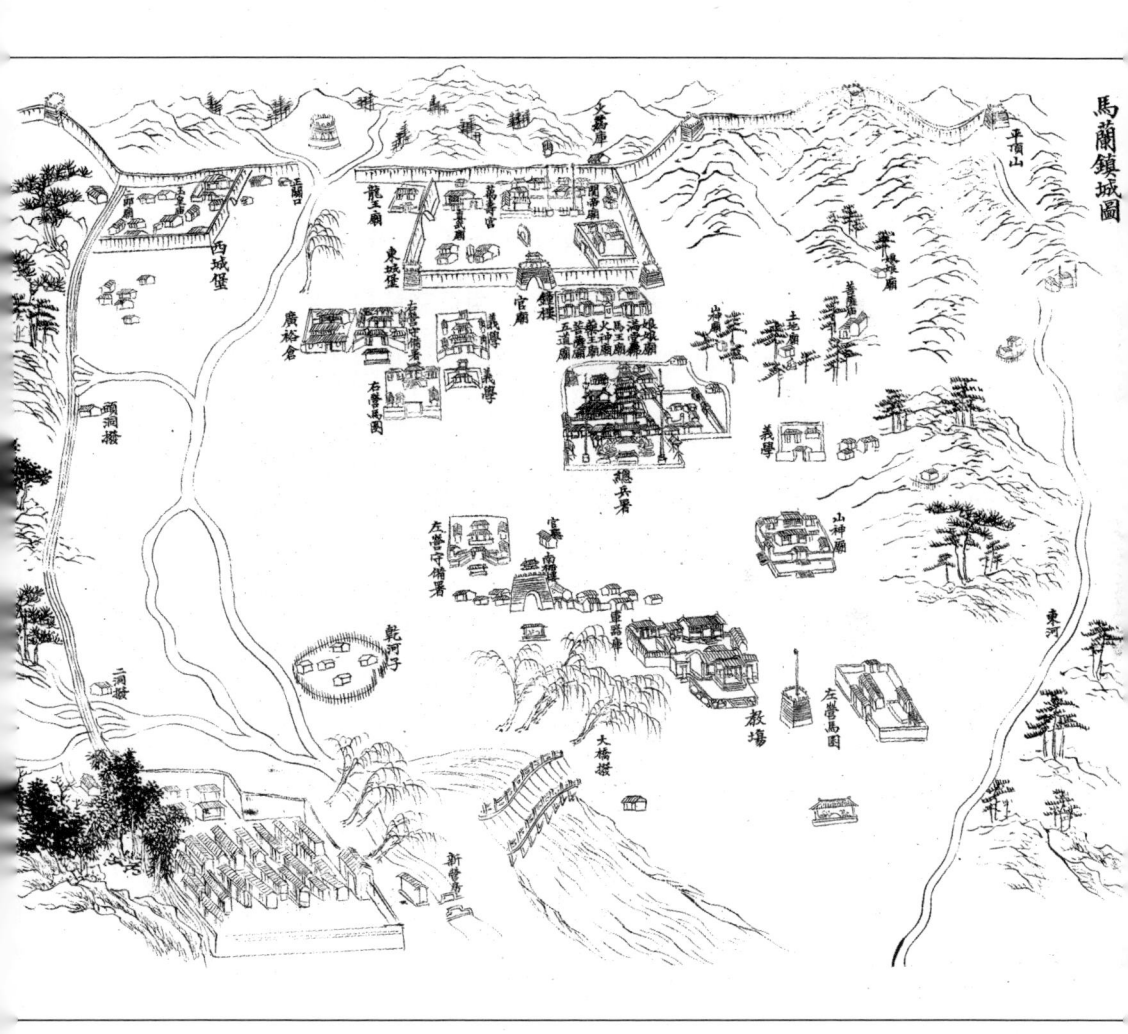

马兰镇绿营各机构及东西城位置示意图（载《昌瑞山万年志》书）

王园寝内。随后不久，顺治皇帝就派绿营官兵保护，设守备1员、左右两哨千总2员、守兵100名。康熙二年（1663）营建孝陵后，当年二月，派陈承明为副将驻守马兰关，分为两营，左营守备1员、千总1员、把总2员。右营守备1员、千总1员、把总2员，兵丁600名。康熙二年（1663）五月，看护荣亲王园寝的绿营官兵归并孝陵副将管辖。

康熙二十七年（1688）四月，孝庄文皇后梓宫奉移暂安奉殿后，添设千总2员、把总4员、兵丁400名，其中马兵120名、守兵280名。

康熙三十一年（1692），因建暂安奉殿金银器皿库，绿营官员不敷用，增添千总1员、把总2员。

雍正元年（1723），马兰镇绿营改协为镇，升副将为总兵官，标下添设游击1员。马兰镇绿营最初只辖镇标两营和黄花山营。

雍正二年（1724）以后，曹家路、墙子路两营归并马兰镇所管。雍正十三年（1735年），将曹家路都司1员，以及黑峪关、吉家营二关把总2员、马兵23名、守兵145名归并马兰镇管辖。

乾隆元年（1736），增加余丁营。到乾隆五年（1740），马兰镇全镇绿营兵丁有1888名。乾隆二十二年（1757），将遵化州和蓟州两营归马兰镇总兵官管理。

嘉庆五年（1800），遵化、蓟州两营真正归并马兰镇直属。有了人事权，这样，马兰镇就下辖8个营了。

绿营的兵力是随着陵寝的增加而增加的。

光绪九年（1883），马兰镇八营共有大小官弁186名、兵丁2971名，陵园内外大小拨汛340多个（遵蓟二营未计在内）。

第十三章 裕陵的祭祀及有关礼仪

我国古代讲"国之大事,在祀与戎"。陵寝祭祀是国家祭祀的重要组成部分。

清朝皇陵的祭祀有许多种,最主要的有大祭、小祭、展谒礼三种。每年按时令举行的清明、中元、冬至、岁暮祭祀称四时大祭。皇帝、皇后去世的日子称忌辰大祭。每月的初一日和十五日的祭祀是小祭。因初一日称朔,十五日称望,所以又称朔望小祭。当时在位的皇帝的万寿节即生日也是小祭。

清陵祭祀概述

　　清朝皇陵的祭祀有许多种，最主要的有大祭、小祭、展谒礼三种。每年按时令举行的清明、中元、冬至、岁暮祭祀称四时大祭。皇帝、皇

孝陵隆恩殿内宝座

第十三章 裕陵的祭祀及有关礼仪

后去世的日子称忌辰大祭。每月的初一日和十五日的祭祀是小祭。因初一日称朔，十五日称望，所以又称朔望小祭。当时在位的皇帝的万寿节即生日也是小祭。

凡皇帝陵、皇后陵的大祭，皇帝都要派王公大臣到各陵为主祭官，一陵派一位大臣。这些大臣必须是皇室成员，姓爱新觉罗。大祭时，要将神牌从神龛中请出，供奉在宝座上，奠酒，献帛，读祝。妃园寝的大祭，由本陵寝的八旗总管任主祭官，请神牌，奠献，读祝文。各帝后陵的小祭，不遣官致祭，由陵寝守护大臣、八旗总管、内务府郎中等陵寝主要官员为主祭大臣，不请神牌，有祭品。妃园寝小祭更为简单，不请神牌，无奠献，由陵寝内务府官员拈香行礼。

祭品样色

大祭祭品样色

裕陵葬有乾隆帝和两位皇后，因为帝后的忌辰都是大祭，加上四时

在孝陵举办的祭祀大典表演

大祭，这样裕陵一年有七次大祭。

祭品分膳品桌和饽饽桌两大类。而饽饽桌又包括饽饽和干鲜果品两类。

通过分析档案得知，忌辰大祭时，虽然每次只是一个人的忌辰，但给其他五人也同时摆上同样的祭品，并非只给是忌辰的那位皇帝或皇后供奉祭品，而是给六个人都摆上祭品。

大祭，皇帝、皇后、皇贵妃膳品桌上的祭品都是18盘碗（《昌瑞山万年统志》记载皇贵妃膳品为十七样），样色如下：

熟牛肉一方　　　　熟羊肉一方

烧羊胸肉一盘　　　鲜鱼一盘

烧野鸡一盘：三月十一日无野鸡，用羊肉片一盘。中元用野鸡雏。

野鸡丝一盘：三月十一日、中元此二祭用蕨菜一盘。

鲋鱼一盘　　　　　蘑菇一盘

饭一碗　　　　　　粉汤一碗

野鸡丝汤一碗：三月十一日无野鸡，用羊肉片汤。中元用野鸡雏汤。

羊肉丝汤一碗　　　酸奶子一碗

咸白菜一碟　　　　芥末菜一碟

青瓜子一碟　　　　酱稍瓜一碟

青酱一碟

以上18样。

皇帝位前供他拉一碗。

奶茶一碗、酒三爵，此二样不在18样之内。

皇帝、皇后饽饽桌上的祭品分两部分，一部分是各种面制的祭品，另一部分是干鲜果品。

帝、后饽饽桌上的祭品样色如下：

鹅蛋一碗：清明后至冬至换小酥饽饽一碗。

鸭蛋一碗：清明后至冬至换芝麻占一碗。

鸡蛋一碗

奶皮一碗：清明后至中元换糊都饽饽一碗

鱼儿饽饽一碗：清明后至中元换匙子饽饽一碗

江米糕一碗

黄米糕一碗	寸麻花一碗
江豆条一碗	蜂蜜印子二盘
炸勒克一盘	烙勒克一盘
沙糖印子二盘	鸡蛋印子一盘
鸡蛋鲁酥一盘	七星饼一盘
鸡蛋糕一盘	红馅梅花酥一盘
黄馅梅花酥一盘	白薄烧饼一盘
鸡蛋薄烧饼一盘	炸高丽饼一盘
红馅赶皮一盘	黄馅赶皮一盘
果馅厚酥饽饽二盘	糖酥饼二盘
红徼枝一盘	白徼枝一盘
芝麻烧饼二盘	大麻花一盘
小红麻花一盘	小白麻花一盘
构奶子糕一盘	山葡萄糕一盘

第十三章 裕陵的祭祀及有关礼仪

奶干糕一盘　　　　　　小菊花饽饽一盘

奶皮花糕一盘　　　　　山梨面糕一盘

英莩面糕一盘

白奶糕一盘：上述四样糕，清明后至中元换菊花饽饽四盘。

蜂蜜一碟　　　　　　　白盐一碟

帝、后饽饽桌上另加干鲜果品18样，在所定28样干鲜果品中按季节及随时所得更换选用。

平果	红梨	黄梨	棠梨	柿子	槟子
红李	黄李	沙果	樱桃	冰糖	龙眼
荔枝	柿饼	红枣	胶枣	桃仁	榛仁
松仁	栗子	乌梨	大占	桃杏	

江米糖　　山里红　　八宝糖　　西葡萄　　鲜葡萄

皇贵妃大祭饽饽桌62盘碗，具体如下：

奶皮一碗：清明后至中元换糊都饽饽一碗。

鸡蛋一碗　　　　　　　江米糕一碗

黄米糕一碗　　　　　　干果二碗

寸麻花一碗　　　　　　江豆条一碗

炸勒克一盘　　　　　　小酥饽饽一碗

蜂蜜印子二盘　　　　　小酥饽饽一碗

鸡蛋印子一盘　　　　　沙糖印子二盘

红馅梅花酥一盘　　　　七星饼一盘

鸡蛋鲁酥一盘　　　　　高丽饼一盘

白薄烧饼一盘　　　　　鸡蛋糕一盘

黄馅赶皮一盘　　　　　鸡蛋薄烧饼一盘

果馅厚酥饽饽二盘　　　红馅赶皮一盘

糖酥饼二盘　　　　　　芝麻烧饼二盘

红徼枝一盘　　　　　　大麻花一盘

小白麻花一盘　　　　　白徼枝一盘

山葡萄糕一盘　　　　　构奶子糕一盘

奶干糕一盘　　　　　　小菊花饽饽一盘

奶皮花糕一盘　　　　　山梨面糕一盘

英蕚面糕一盘

白奶糕一盘：上述四样糕，清明后至中元换菊花饽饽四盘。

蜂蜜一碟　　　　　　　白盐一碟

以上为45盘碗。

皇贵妃饽饽桌上另加干鲜果品17样，在所定29样干鲜果品中按季节及随时所得更换选用。

大祭，供酒4樽，牲匣内供牲牛1只、牲羊2只。

小祭祭品样色

小祭日，不请神牌，仅启神龛帷幔。主祭大臣由陵寝守护大臣、八旗总管、内务府郎中轮流主持。帝、后、妃位前各摆放匙、箸，献奶茶1碗。每位前供熟羊肉1盘、青酱1碟、果品12盘、酒3爵。由内务府官供献祭品、捧递香盒，礼部司官监礼。

每年的孟冬朔即十月初一日，是一个特殊的朔日，每到这天，皇帝都要派王公到各陵及端慧皇太子园寝祭祀。其祭品与朔望小祭相同，供熟羊肉。

皇贵妃的忌辰和每年的皇帝的万寿节，也都是小祭，其所供的物品与朔望小祭一样，但没有熟羊肉一盘。

每年中元节供西瓜，六月内供香瓜各一次，随时供献。皇帝、皇后每位供西瓜15个、香瓜240个。妃桌供西瓜8个、香瓜120个。

每年的仲秋即八月，京城的御膳房派员送乌朱穆秦（沁）羊、克什克腾羊，每陵2只，分作两次，随祭日供献。

每年的仲冬即十一月，御膳房派员送达郎冈爱羊，每陵各5只，分五次随祭供献。

每年的仲春（二月）、仲秋（八月），京城御茶房往各陵送交奶饼两次。各陵所送的奶饼数量也不一样。裕陵每次送105个，随祭供献。

每年清明节前一日，每位皇帝、皇后、皇贵妃供献大佛花一座，于岁暮祭日焚化。

请送神牌的礼仪

帝后陵的隆恩殿和妃园寝的享殿是供奉皇帝、皇后、皇贵妃、贵妃、妃神牌的地方。这些神牌都供奉在暖阁内的神龛里。神龛里设宝床，宝床上设香龛。神牌供奉在香龛内。

每逢帝后陵的隆恩殿和妃园寝的享殿修缮时，出于对帝、后、妃的尊重，更主要是为了安全，在动工之前，要将神牌移到东配殿供奉。如果妃园寝没有配殿，则将神牌移到东厢房供奉。工程竣工后，再将神牌移回原位。在移出和移回时，都要举行典礼仪式，日期、时刻都要提前经钦天监选择，经皇帝钦准后实行。

移出时，先由礼部堂官（尚书、侍郎）到神牌前上香，行三跪九叩礼后，退出。然后由陵寝守护大臣或太监依序捧着帝、后、妃的神牌到东配殿，安放在东配殿准备好的宝座上，安放完毕，再由礼部堂官在神牌前上香，行三跪九叩礼后退出。如果帝后陵东暖阁设佛楼，则将佛像以及东暖阁内的藏品一并移到东配殿南梢间。

修缮工程完工后，遵照钦天监选择好的吉期，按移出时的礼节，将各神牌从东配殿移回隆恩殿或享殿，按原位次安放在各宝座上。由礼部堂官上香，行三跪九叩礼后，再由太监分别将各神牌按原位次供奉到各暖阁宝床上的香龛内。移出的佛像及藏品一并移回原处。

第十四章　开启裕陵地宫

清东陵是第一批全国重点文物保护单位，是我国现存规模最大、体系最完备、保存较完整的古代帝王陵墓群，像孝庄皇后、顺治帝、康熙帝、乾隆帝、慈安、慈禧、香妃、苏麻喇姑等清朝的著名人物都埋葬在这里。清东陵拥有得天独厚的旅游资源，不能抱着金碗要饭吃。要有敢当时代弄潮儿的勇气和气魄，未雨绸缪，迎接旅游高潮的到来，这是每一个文物工作者的历史责任。谢久增先生敢当时代的弄潮儿。他是开启裕陵地宫的功臣，为清东陵的文物保护工作和旅游事业做出了巨大贡献。

一个大胆的想法

当历史的时针走到了20世纪70年代初,"文化大革命"进入了后期,国家已开始调整政策,提出了"古为今用"和"进行爱国主义教育和历史唯物主义教育"的口号。"文化大革命"前期被关闭的文物名胜和旅游景点,逐步解禁,开始接待游人。国家开始进入正常状态。

在这种情况下,虽然"文化大革命"时期的极"左"思想还残存在一些人的头脑中,但已是强弩之末,大势已去。

谢久增预见到,随着国家形势的变化,经济的振兴,在不久的将来一定会出现一个旅游高潮。清东陵是第一批全国重点文物保护单位,是我国现存规模最大、体系最完备、保存较完整的古代帝王陵墓群,像孝庄皇后、顺治帝、康熙帝、乾隆帝、慈安、慈禧、香妃、苏麻喇姑等清朝的著名人物都埋葬在这里。清东陵拥有得天独厚的旅游资源,不能抱着金碗要饭吃。要有敢当时代弄潮儿的勇气和气魄,未雨绸缪,迎接旅游高潮的到来,这是每一个文物工作者的历史责任。谢

第十四章　开启裕陵地宫

20世纪70年代初的谢久增先生

久增深深感到了自己肩上担子的分量。

谢久增先生毕业于遵化师范学校，1964年被分配到清东陵文物保管所担任会计。当时清东陵文物保管所编制仅5人，加上临时工也就10人左右，他算是保管所里学历最高的文化人了。明定陵地宫发掘、开放所产生的轰动效应，掀起的旅游高潮，给了谢久增极大的启发：皇陵最神秘和最具魅力的地方就是埋葬帝后妃棺椁、随葬大量奇珍异宝的地宫。为此，他翻阅了大量有关开启明定陵地宫的材料，认真学习和理解了国务院、文化部、文物局（当时叫文物事业管理局）的所有关于考古发掘的文件，反复查找有关清东陵各陵地宫及其被盗情况的资料，走访了许多知情的当地老人，到陵内进行了多次实地考察……经过几个月的努力，一个大胆的想法在他的头脑中逐渐清晰起来——打开裕陵地宫！

明定陵地宫的发掘和开放，既有经验，也有教训。因为当时我国在文物保护技术方面还有许多短板，还不过关，致使从明定陵地宫出土的一些丝织品等珍贵文物残损，未能很好地保存下来，这是极惨痛的教训。因此，国家明令禁止今后不再发掘未被盗过的皇陵地宫。对于国家的这一政策，谢久增非常清楚。那他为什么还想要开启裕陵地宫呢？谢久增清楚地知道，国家严禁开启的是那些没有被盗掘过的帝王陵墓的地宫。开启未被盗掘的陵墓称为"发掘"，开启那些已被盗掘的陵墓地宫则称为"清理"，两者之间有着严格的界限和本质的区别。清理地宫不存在因保护技术不过关而保护不了文物的问题。清理已经被盗过的地宫，对于文物研究不仅具有重要的意义，而且对于保护地宫、抢救文物也有重大的意义。后来裕陵地宫清理后的实践完全证实了这一点。

打开裕陵地宫不仅能打破清东陵文物保管所建所以来20年的万马齐喑的沉闷状态，而且更能给我国的旅游事业增添一股清新之气，开创一个新的局面。谢久增的这个想法越来越坚定，于是就开始了实现这一目标的行动。

第十四章 开启裕陵地宫

谢久增一波三折的艰难"上书"

要想实现这一目标,首先必须征得本单位领导的同意和大力支持才行。因为这不是个人的私事,而是堂堂正正的公事。可是当时的清东陵文物保管所的主要领导是一个快要退休的老干部,只想看摊守业,不想再操心费力办大事、开创新局面、做出新成绩,求稳怕乱的思想很严重。要想打开裕陵地宫,就必须先说服保管所所长,由冷淡转为支持。谢久增反复向所长进行说明、解释,不知费了多少唇舌,终于说服了所长,同意打开裕陵地宫。谢久增向成功迈出了第一步。

当时清东陵文物保管所的顶头上司是遵化县文教局。谢久增深知要办成这件事,单靠本单位领导的支持是远远不够的,还要争取遵化县文教局领导的同意和支持才行。当时县文教局主管文化部门事务的副主局长董玉然对谢久增是比较了解的。谢久增把保管所当时的工作状态和他的想法向董玉然作了全面汇报,得到了董玉然的理解和支持。

清东陵文物保管所所长让谢久增执笔,写了一份《清东陵文物保

清东陵文物保管所
关于开启裕陵地宫的请示

在毛主席革命路线指引下，国际国内形势一片大好。在国际上，毛主席的革命外交路线取得了伟大的胜利，我国的国际威望越来越高，影响越来越大；在国内社会主义革命和社会主义建设欣欣向荣，各项事业都出现了跃进的局面。在这大好形势下，国际国内来东陵参观的人越来越多。为了满足广大观众的要求，更充分的揭露封建社会统治阶级残酷剥削和压迫劳动人民的罪行，歌颂我国劳动人民高度智慧和创造才能，借以达到向广大人民群众进行阶级教育、爱国主义教育、辩证唯物主义和历史唯物主义教育的目的，我们特申请开启裕陵（乾隆）地宫。

一、开放价值

裕陵是埋葬清代统治者乾隆的陵墓，规模较大，地上建筑物基本完善，它的地宫造价更高，纵深50多米，最宽度13米，最高度近10米，内壁与顶部均是各种图案和文字的精细雕刻。宫内除底面外，没有一块空白石料。筑有四道石门，构成"主"字形，其建筑形式充分显示着劳动人民的建筑技术和智慧。

二、便利条件

1.地宫于解放前几次被盗，洞口曾一度随便进出，直到解放才做了简单封闭，所以地宫开启没有什么困难。

2.由于几次被盗，随葬品已是一空，大部棺材（原六口）被破坏七零八落，尸体已无踪迹。没有难以处理的问题。

3.照明条件具备，低压火线早已架设到此陵宫门前。

三、内部陈设：

经过实地勘察，孝陵地宫没有被盗（据说地宫没有埋葬顺治尸体）

当年清东陵文物保管所关于开启裕陵地宫的请示（第一页）

第十四章　开启裕陵地宫

管所关于开启裕陵地宫的请示》（以下简称《请示》）。《请示》中，首先讲了开放的价值，然后讲了便利条件，第三讲了内部陈设，最后讲了整修。请示于1972年12月11日发出。自《请示》发出后，保管所天天想，日日盼，真是望眼欲穿。可是《请示》如同石沉大海，杳无音信。

这份《请示》是邮寄丢了，还是另有原因？实际上各级领导都收到了。上级领导对于清东陵文物保管所提出的这个要求感到极为震惊，认为简直是异想天开，难以理解，自然不会批复。但这些背后的事清东陵文物保管所根本不知道。

《请示》的批复收不到，不了解领导的意见，怎么办？谢久增主动请缨，提出由自己出面，拿着《请示》逐级当面请示。老所长被感动了，批准了他的请求。

第一站是遵化县文教局。谢久增找到了主管文化工作的副局长董玉然，将开启裕陵地宫的想法向他作了全面详细的汇报。起初董副局长也担心上级不批，不肯签字。谢久增表示，批不批是上级的事，只要求县里先表个态。于是，董副局长在《请示》上签了字，表示同意。第一站通过了。

第二站是唐山地区文化局。谢久增在这里受了阻，文化局对保管所的请示感到很吃惊，说开启地宫是根本不可能的事。谢久增千说万说，磨破了嘴皮子，就是不给签字盖章。最后，在时任中共唐山地委组织部长的原遵化县副县长王运城的帮助下，文化局相关领导才在《请示》上签了字，盖了章。地区这道关又已过，谢久增信心渐增。

第三站是河北省省会石家庄。谢久增找到了省文化厅文物处。哪知处长看到《请示》后，不容分说，就狠狠地把谢久增训斥了一番，说谢久增这是异想天开，瞎胡闹，等等。谢久增碰了个大钉子，知道此关过不去了，只得无精打采地返回了东陵。

后来，得知唐山地区文化局曾给遵化县文教局打过电话，说谢久增这样的人不搞本职工作，总想歪道，不适合在清东陵搞文物工作，建议调离工作岗位。幸亏遵化县文教局已经提前了解了事情的真相，谢久增才没有被调离清东陵文物保管所。

谢久增"上书"受挫，满怀希望的清东陵文物保管所的干部职工如冷水浇头，都泄了气，一片黯然。原来的那股兴奋劲儿霎时消失得无影无踪。开启裕陵地宫的计划看来是没有希望了。

第十四章 开启裕陵地宫

文物局长暗访清东陵

就在开启裕陵地宫毫无希望的时候，清东陵发生了一件令人意想不到的事情，随后形势出现了重大转机。这正是"山重水复疑无路，柳暗花明又一村"。

1975年7月初的一个星期天，国家文物局局长王冶秋偕夫人到清东陵参观旅游。名为旅游，实际上是一次工作暗访，所以事先既未通知河北省、唐山市，也没有告诉遵化县和清东陵文物保管所。

1975年，清东陵开放的只有慈禧陵一座，游人很少。当时的清东陵文物保管所的办公室和接待室都设在慈禧陵的神厨库。王冶秋夫妇刚刚来到慈禧陵，就被经常进京出入国家文物局的谢久增认出来了，他急忙将王局长夫妇及司机请进接待室。他们休息了一会儿，便由乔青山所长和谢久增陪同，参观了慈禧陵。参观结束后回到接待室，乔青山所长向王局长汇报了工作，并重点介绍了开启裕陵地宫的想法。王局长听得很认真，但没有明确表态。

王冶秋先生虽然是掌管全国文物工作的最高长官，却是一位非常

乾隆帝陵：大清陵墓解密

20世纪70年代的慈禧陵神厨库是接待室，曾两次接待国家文物局局长王冶秋先生

平易近人、和蔼谦恭的长者。国家文物局局长亲临最基层的一个文物单位，不用说在当时，就是现在也是一件大事。乔青山所长本想中午好好招待一下局长夫妇，却被王局长婉言谢绝了。局长夫妇来到职工食堂，与职工们一起共进午餐，吃了一顿汤面。午饭后在接待室休息时，他问陪在身边的谢久增，开启裕陵地宫需要多少钱？谢久增回答说两万元就够了。王局长点了点头，什么也没说，当天就回北京了。

谁也没有想到，就在王冶秋走后的第七天，马兰峪营业所通知清东陵文物保管所：国家文物局拨来了两万元钱，是清理裕陵地宫的专款。保管所的干部职工简直不敢相信这是真的，大家无不佩服王冶秋局长是个办实事、办真事的人。国家既然把款都拨下来了，那就等于批准了开启裕陵地宫。保管所全体干部职工无不欢欣鼓舞，打开裕陵

第十四章 开启裕陵地宫

国家文物局为开启裕陵地宫拨款的文件

地宫的希望之火又点燃了。于是，清东陵文物保管所重新审定了清理方案，并逐级向上级文物主管部门请示汇报。不久，河北省文物处派来了长期负责基层文物单位修缮工作的赵辉，负责监督指导裕陵地宫的开启工作。

裕陵地宫由里向外看

第十五章 揭开清朝皇帝陵地宫的神秘面纱

　　裕陵是我国继明定陵之后开放的第二座皇帝陵地宫，也是开放的第一座清朝陵寝地宫，从此揭开了清陵地宫的神秘面纱。裕陵地宫的清理开放，背后隐藏着许多鲜为人知的故事。

　　裕陵地宫的开放，产生了多米诺骨牌效应，随后清东陵又清理开放了慈禧陵地宫、容妃（香妃）地宫、纯惠皇贵妃地宫。清西陵也清理开放了光绪帝的崇陵地宫。地宫的开放，不仅极大地促进了旅游事业的发展，同时也带动了陵寝研究工作。

千斤顶顶开了石门

裕陵的盗口就在哑巴院内的琉璃影壁的下面。现在许多人都认为裕陵地宫的盗口是用炸药炸开的。笔者经过多年考证，得知盗口根本就不是炸开的，而是用尖镐、钎子、撬杆、锤子等工具挖开的。

1928年，溥仪派到东陵进行善后重殓的皇室成员和朝廷遗臣在善后重殓完毕后撤出裕陵时，仅封堵盗口、填砌隧道就用了石灰8000多斤。后来裕陵再度被盗，盗口直到1952年成立清东陵文物保管所后才封堵上。当时清东陵文物保管所只有五个人，资金又少得可怜，所以在封堵盗口

1952年清东陵文物保管所建立，时任副所长的郝春波先生退休后还心系清东陵的发展，经常与老伴到东陵视察

第十五章　揭开清朝皇帝陵地宫的神秘面纱

时，并没有按陵寝初建时的样子层层用砖认真灰砌，只是简单地把盗口堵上了。

郝春波是1952年成立清东陵文物保管所的五人之一，是副所长，当时封堵各陵盗口时，是他负责这项工作的。所以在1975年打开裕陵地宫时，在郝春波的指点下，确定盗口就在哑巴院内的琉璃影壁下。清东陵文物保管所的干部职工谢久增、杜清林、杨宝田、牛进田、李有、张思印等人就在郝春波所指的位置往下挖。挖了好几天，向下挖了2米多深也没找到盗口，而且越往下挖越都是生茬儿。于是大家对这个盗口的位置产生了怀疑，问郝春波是不是记错了。郝春波面对现实，面对大家的怀疑，不由得也有点动摇了，便自言自语地说："妥不是惠陵啊？"意思是可能是惠陵盗口在这个地方。后来这句话竟成了大家跟他开玩笑的话柄。这时大家都为找不到盗口而焦急。照相师杜清林和瓦工组组长杨宝田经过商量，认为不能再往深处挖了，应该横着向北掏掏。两人一人使尖镐，一人用铁撬杠，横着向北猛挖起来。不一会儿，就听哗啦一声，露出了一个洞口。这时其他人也都赶来了。"洞口！"大家几乎同时喊了出来。于是都来了精神，大家一齐动手，连刨带撬，洞口变得越来越大。很快，一条通向地宫的昏暗深邃的盗洞出现在了大家眼前。

大家兴奋地沿着昔日的盗洞，钻入了地宫。当年孙殿英匪兵盗陵时，把顶石门的自来石顶倒，都摔断了。善后大臣撤出裕陵时，没有了自来石，石门只能都是半掩着的，所以进入地宫的谢久增、杜清林、杨宝田等人很顺利地推开了前两道石门。当他们来到第三道石门前时，心想也会和前两道石门一样一推就开。可是大家合力推门，石门竟然纹丝未动。也许是因为连续工作，又接连推了两道石门，有点疲劳了，劲

乾隆帝陵：大清陵墓解密

裕陵地宫第三道石门关闭时的旧影

千斤顶

儿未用足？于是大家又攒足劲儿，再次合力猛推，石门仍然是一动不动。怎么回事？用手电从门缝往里照，黑洞洞的，什么也看不见。怎么办？大家都在想主意。忽然有人说："用千斤顶试试。"大家一致赞成，于是派了两个人回去分头去借。没过多久，便从当地驻军借到了一个千斤顶，还找来了几根方木。大家把千斤顶和方木连接起来，摆成一条直线，平放在地上，千斤顶顶住第三道门的西扇门，方木的另一端顶住第二道石门的下门槛。随着千斤顶顶杆慢慢伸出，门扇便开始慢慢被顶开。当门扇开到能够钻进一个人的时候，杜清林和李有首先钻了进去。他们用手电一照，发现原来是一口巨大的棺材顶住了石门，所以门推不开。棺盖的后部被凿了一个大洞。这口棺木，东扇石门顶得多，西扇石门顶得少。用撬杆将棺木向东边撬了几下，西扇石门就可以完全推开了。没想到开地宫石门，千斤顶派上了用场。

第十五章 揭开清朝皇帝陵地宫的神秘面纱

为什么两次顶住地宫石门的都是乾隆帝的棺椁

1928年，孙殿英匪兵盗掘裕陵时，没费多大事便打开了前三道石门。在开第四道石门时，无论如何也打不开了，最后不得不用炸药，炸坏了石门，才得以进入金券。他们进了金券以后发现，原来是一口巨大的棺椁顶住了石门。裕陵被盗后不久，溥仪派的重殓大臣从这口顶门的棺椁内找到了乾隆帝的头颅骨，才知道顶住石门的竟然是乾隆帝的棺椁。重殓大臣们将乾隆帝的棺椁安放到棺床正中原位上，将乾隆帝的遗骨摆放在棺内正中，将一后三妃的遗骨摆放在乾隆帝遗骨的两侧，盖上棺盖。将孝仪皇后的遗体殓入另外一口棺内，摆在乾隆帝的棺西。关闭了前三道石门，填砌了隧道。1975年清东陵文物保管所在清理裕陵地宫时，前两道石门都虚掩着（因顶门的自来石在1928年均被摔断），所以一推就开了。当推第三道石门时，用尽了力气也推不开。最后不得不使用千斤顶，才顶开了石门。进去一看又是乾隆帝的内棺顶住了石门。为什么两次都是乾隆帝的棺椁顶住了石门？另外，地宫内的水是从地面

271

的石缝里涌冒出来的，水面是平稳缓缓上升的，不会产生波浪水流，更不会有一定方向的冲击力。为什么棺椁会移到棺床之下？这些问题困扰了笔者多年，后来经过冥思苦想，终于悟出了其中的奥秘。在阴雨连绵的夏季，地下水特别丰富，这些水是从地宫墁石的石缝中涌冒出来的。这种冒水现象不仅在溥仪所派的重殓随员徐榕生写的《东陵于役日记》中有明确记载，而且笔者在地宫中曾亲眼见过从石缝中往上冒水的情形，与徐榕生的记载完全一样。根据地宫墙壁上的水痕和重殓大臣的日记记载，地宫里的水最深时有五六尺之多。这些水在地宫里达到一定的深度以后就不再上升，各券的水平面是一样的。当季节进入深秋、冬季和开春时，地下水减少，渐趋干旱。而裕陵地宫里的积水也随之减少，水面下降，直至积水消失干净。在水量减少、水面下降的过程中，由于前几券的面积大、石缝多，水面下降的速度比金券里的水快。这样金券里的水就从门缝往外流，因而也就形成了向石门缝流动的水流。漂起的棺椁也就自然随着水向门缝流动的方向漂移，下了棺床，最后到门缝后被门扇挡住，所以就顶住了石门。

裕陵地宫第三道石门距乾隆帝棺椁最近

为什么两次都是乾隆帝的棺椁顶门呢？我们知道地宫棺床上的棺椁都是东西方向一字排列安放的，乾隆帝的棺椁居中，正对着门缝，距门缝最近。这几口棺椁即使同时向门缝漂动，当然距门缝最近的乾隆帝的棺椁最先顶住门。这就是两次都是乾隆帝的棺椁顶住石门的原因。

怎样清理的裕陵地宫

1975年，清东陵文物保管所的谢久增、杜清林、杨宝田等人用千斤顶顶开了第三道石门，进入地宫以后所见到的情景令人触目惊心。只见第三道门的东扇门的后面有一口内棺，棺内外的经文等图案都是阳刻的，棺内的一堆遗骨中有五个头颅骨，表明这口内棺是乾隆帝的。东扇门还比较完整，只有上门轴有些残损，也倒在地上。第四道石门的西扇门被炸碎成多块，在地上摊着。第四道石门的石门槛的西段被炸碎。金券里面一片狼藉，气味难闻。地宫里的外椁无一幸存，内棺也只存4口。正面棺床上有2口，一东一西，西面的较完整。棺床下有2口，靠西垂手棺床的那口立戳着，另一口就是顶住石门的乾隆帝内棺。正面棺床正中有一个圆孔，就是所说的金井，用铁棍往下探试，有六七十厘米深，里面都是黄土。被拆散的棺椁木板垛放在棺床上的东北角。地宫里没发现有任何丝织物品。地宫的地面有没脚面深的泥水。

面对这一片惨状，清理地宫的工作应该先从哪里下手呢？

当时的清东陵文物保管所加上临时工才只有二十几个人。当时打开裕陵地宫的事不对外宣传,只有邻近裕陵的几个村子的村民知道。清理地宫不宜找当地的村民参与,再者当时保管所的经费有限,如果从外面雇工,就得给工钱,所以清理地宫的工作全部由保管所干部职工承担。因为每个干部职工都有自己的本职工作,所以每天只能抽出少部分职工干活。首先要做的有两项工作,一是清除隧道券内的砖,二是清理出地宫内残存的文物。这两项工作还没有干完,就发生了唐山大地震,全党全民、各行各业全力以赴投入抗震救灾的工作中,所以清理地宫的工作就处于停顿状态。

1977年6月,老所长乔青山调到了遵化县农机局工作,继任者是原马兰峪公社党委书记宁玉福。这一年宁所长40岁,年富力强,正

保管所干部职工欢送乔青山老所长合影(第三排坐着的左五是乔青山,后排左三是作者)

是干事业的好年纪。宁玉福上任后，首先抓的工作就是加紧清理裕陵地宫，将其作为工作的重点。他很快成立了清东陵文物保管所古建队，下分瓦工、木工两个组，是清理裕陵地宫的骨干力量。

清理裕陵地宫，主要包括以下几个方面：

一、修复棺椁。

二、粘接石门。

三、修补门槛。

四、清除隧道券内的所有砌砖。

五、解决渗水问题。

六、安装照明设施。

七、设计并修筑地宫入口。

修复棺椁

裕陵地宫被盗以后，我们才知道地宫里有大量的渗水，水最深时有2米左右。帝后妃的棺椁尽管漆饰了数十道漆，但也经不住长年累月的浸泡，许多棺椁已经糟朽。况且被拆散的六口外椁、两口内棺的残破木板都垛在了棺床上的东北角，已经无法分辨出哪块木板是哪口棺木的，更分不清是皇帝的，还是皇后的，还是皇贵妃的。

乾隆帝的内棺里有一大堆杂乱的骨头和五个头颅骨，在另一口内棺里有部分遗骨和一个头颅骨。之所以知道那口盛有五个头颅骨的内棺是乾隆帝的，依据主要是这口内棺比其他三口都稍大，善后大臣重殓时把五个人的遗骨都装入了乾隆帝的棺内。另外，其棺内棺外的经文、图案雕刻均为阳刻，其他三口则为阴刻，所以阳刻的内棺自然是

乾隆帝陵：大清陵墓解密

当年拼接裕陵棺椁的木工师傅周大明
（摄于2017年9月12日，当时80岁）

皇帝的。

成型拼接棺椁的任务由清东陵文物保管所古建队木工组负责，当时拼接外椁的木工组的师傅有周大明、王江、杜宝林、沈玉文等，他们只知道干活儿，对于清朝皇家帝、后、妃棺椁制度，不仅他们不懂，就是当时保管所的其他人也都不知道。这些木工把这一大堆棺椁木板，挑来选去，只能哪块拼接着合适就用哪块，不管原来是谁的，也不管原来是哪个椁上的，只要合适就用，结果只拼接成型了三口外椁。每口外椁，很可能哪个外椁上的木件都有，也很可能既有皇帝的，也有皇后的，还可能有皇贵妃的。这三口外椁，一口套在了乾隆帝的棺上，另外两口外椁分别套在了东西两旁的内棺上。为了有利观瞻，将乾隆帝的棺椁居中，另外两棺椁对称地摆放在正面棺床的两端，所以在乾隆帝棺椁的两旁各出现了一个空棺位。其实把三口棺椁挨着摆在正中，将正面棺床两端的棺位空着也完全可以。

刚刚开放的裕陵地宫棺椁

第十五章　揭开清朝皇帝陵地宫的神秘面纱

粘接石门

孙殿英匪军进入地宫时，因第四道石门打不开，就用炸药炸坏了石门。东门扇除上门轴有些残损外，其余部位均完整无损。西门扇下半部被炸碎成多块，上半部没有炸残。经过拼对，发现石门下部的海水江崖部分残破缺失严重。宁玉福所长把粘接石门的工作交给了赵福禄师傅。赵师傅是马兰峪一村的村民，是马兰峪有名的瓦工师傅尚德明的大徒弟。他不仅手艺高超，而且耐心细致，善于动脑筋。经过商量，决定用白水泥进行填补，用环氧树脂粘接。笔者曾在现场亲眼见过赵师傅刻划海水的纹饰。经他修复的西门扇若不仔细观察，很难看出这扇门是粘接填补的。因为这扇石门是拼凑粘接的，不能插入门管扇的轴孔中竖立起来，安到原来的部位，只能摆放在金券西侧垂手棺

裕陵地宫第四道石门西扇粘接后，到二十一世纪初已出现裂缝　　因木支架糟朽坍塌了，粘接的石门伤断散碎了

床上，为便于游人观看，陈放在一个坡形木架上。将东扇石门摆放在东侧垂手棺床上，形成左右对称。

因为这些情况笔者最清楚，到笔者退休前，石门下的木架已经快用了30年了，地宫长期潮湿，木架已经有些糟朽了，特别是西扇石门是粘接的，一旦木架坍塌，石门必然破散，后果不堪设想。所以笔者曾向领导建议把两扇石门下的木架更换新的，可惜领导未能采纳笔者的建议，果然没过几年，西面的木架被压塌，石门散碎，至今尚未修复。

粘接门槛

孙殿英匪军在炸第四道石门时，把第四道石门的下门槛西段炸没了，只剩东半部分。这次清理地宫，粘接石门时，一并用水泥将西段门槛也修补好了。不注意看，几乎看不出来是补接的。

清除隧道券内的所有砌砖及灰迹

嘉庆四年（1799）九月十五日卯时乾隆帝的棺椁葬入裕陵地宫以后，整个隧道券用城砖灰砌的方法被砌得满满当当、严严实实。1928年7月，孙殿英匪兵盗掘裕陵时，在隧道券内砌砖的顶部掏挖了一条通道，人能猫着腰钻进地宫。随后溥仪派到东陵善后的皇室成员和朝廷旧臣在把帝后妃重殓后，退出地宫时，把所挖的通道及盗口又全部用砖砌好如初，仅石灰就用了8000多斤。

溥仪派去的善后人员从东陵撤走不久，当地土匪和不法分子对裕陵又进行了多次扫仓，挖开了盗口，把封砌的通道又扒开，将已封好的三口内棺打开，盗走了重殓时的被褥和衣服。

第十五章　揭开清朝皇帝陵地宫的神秘面纱

裕陵琉璃影壁下的盗口

1952年成立清东陵文物保管所后,只把各陵琉璃影壁下的盗口封堵上了,里面的盗洞通道并没有封砌上。

1975年开启地宫时,也是从当年的盗洞通道钻进去的。隧道券长12米,宽4.48米,高约5米,整个空间有近300立方米。如果拆下的砖块变成活方,就得有五六百方之多。每块整大砖有20千克左右。在拆卸时,因为每块砖都是用很厚的石灰包裹着砌的,非常结实坚固,必须用铁撬杆和尖镐,进度很慢。所以这次清理地宫的诸项工作中以清除隧道内的砖块的工作量最大、最艰巨。隧道内的砖边拆边往外运,一开始用人往外搬,往里拆得远了,就用筐往外抬。在往外清理砖的同时,把砖渣、灰土随着垃圾也往外抬,这是一个又苦又累又脏的力气活儿。抬出来的灰土、垃圾堆得比方城前的月台还高。

宁玉福所长到任以后,

当年就把从地宫隧道券里清理出来的砖头、灰渣倒在裕陵方城月台东角下

加紧了对裕陵地宫的清理工作。当时要求干部职工都在保管所住，即使是离家只有几里的职工也要几天才能回一次家。干部职工每天早晨起来，饭前先干两个小时活儿，饭后再上班。下午下班后，先干一小时，晚饭后再干两小时。那一段时间几乎天天这样。为了争取裕陵地宫早日开放，全体干部职工热情高涨，有使不完的劲儿。他们不怕苦不怕累，甘心奉献，不要任何报酬，无怨无悔。每个职工都有一套干活的工具，有垫肩、套袖。为了方便把砖、灰土、建筑垃圾运出陵院，特地把清朝修陵时留出的东墙的运料门扒开，每到晚上全体干部职工热火朝天地往外抬，争先恐后，干劲十足。往外运时，把砖和石灰渣子分开存放。每次干活，宁所长都亲临现场，和职工一块干，所以大家的干劲更足了。女职工不让须眉，与男职工抬一样多的东西，抬起来就一溜儿小跑。笔者参加了清理的全过程。笔者清楚记得，油工刘德宝和木工亢守学两人一抬。别人两人抬一筐，他们俩抬两筐。尽管是冬天，每个人都浑身大汗。有时晚上停电，就用汽灯、嘎石灯照明。食堂管理员张福贺是退伍军人，他戴着一块手表，当时保管所戴手表的没有几个人。谁要能戴上一块手表，大家都会用羡慕的眼光看他。他在一天晚上夜战时，不小心把手表弄丢了，干完活才发现。第二天他起早到干活现场找了好半天也未找着。尽管很心疼，但他没有怨言，仍坚持每天干活。几年后，用车拉运东墙外的砖头和石灰渣子时，居然找到了那块手表。表已经彻底坏了，不能用了。那时张福贺也不在东陵工作了。职工们一直干了两个多月才把砖和建筑垃圾全部运出陵院。

下一步就是清理隧道券地面上的灰迹。本来隧道券的地面都是澄

第十五章　揭开清朝皇帝陵地宫的神秘面纱

浆砖立墁，表面烫蜡的，非常平整光滑。由于整个隧道券的砖都是用石灰砌的，地面上留下了许多的灰迹，必须清除干净，还不能用锹镐之类的工具铲除，以防止把砖面伤损。清理地面的工作又交给了干部职工。每到晚饭后，干部

裕陵地宫隧道券已铺上了木踏跺

职工齐聚隧道券内，每人准备一个小板凳或棉垫，因为干活只能蹲着，时间长了就得坐着。而隧道券的地面是斜坡的，蹲不得蹲，坐不得坐，干活时身子咋待着咋不得劲儿。干活的工具是小挠子、小铲子。灰迹粘在砖上很牢固，很不容易去掉，还不能把砖面损坏了，有一定的难度。每天晚上分给每人的任务视灰迹的多少而定，每人或东西通长二条砖，最多三条砖。大家都认认真真地干活。一晚上最多干两个小时，干完活，人人都腰酸腿疼。四五天就把整个隧道券的砖面清理得干干净净。这些活儿，笔者从没落过场，所以深有体会，记忆犹新。

渗水的处理

每到盛夏阴雨连绵的季节，裕陵地宫里就有两米左右深的积水，这是因为地宫下面没有设置龙须沟，渗水无法排出，只有到秋后才能慢慢消退。这对地宫的保护和开放都十分不利，必须彻底解决。经过集思广益，大家的一致意见是在地宫内打一眼竖向积水井，再挖一条横向的地道通向地宫各券地下，将渗水引到积水井内，然后用潜水泵

将水抽到地面。经报请上级批准后，此项工程开始实施。

积水井的位置选定在砖隧道斜坡地面靠西墙的最下头，与闪当券石地面相接，井深约4米。然后在竖向的积水井深不到2米的井帮上，贴着地宫地面墁石的夯土层下，横着向北各券方向掏挖一条暗沟，一直通到金券内。暗沟底要稍呈坡形，以便水能向外流。暗沟的顶部，在每道券的夯土层上向上钻出一个或几个漏水孔。这样，地宫各券的渗水就可以通过墁石下的夯土层的钻孔流进暗沟，再从暗沟流进积水井，然后用潜水泵将水抽到哑巴院内西边的七星沟漏下的暗沟。这条暗沟是建陵时原有的，用以排出哑巴院内的雨水。这种方

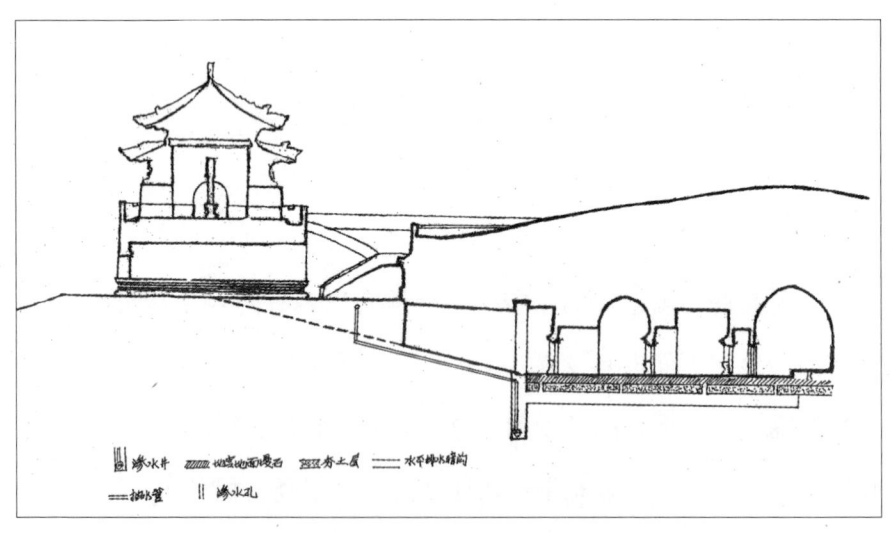

裕陵地宫渗水井位置

裕陵地宫排水系统剖面示意图（徐广源　绘制）

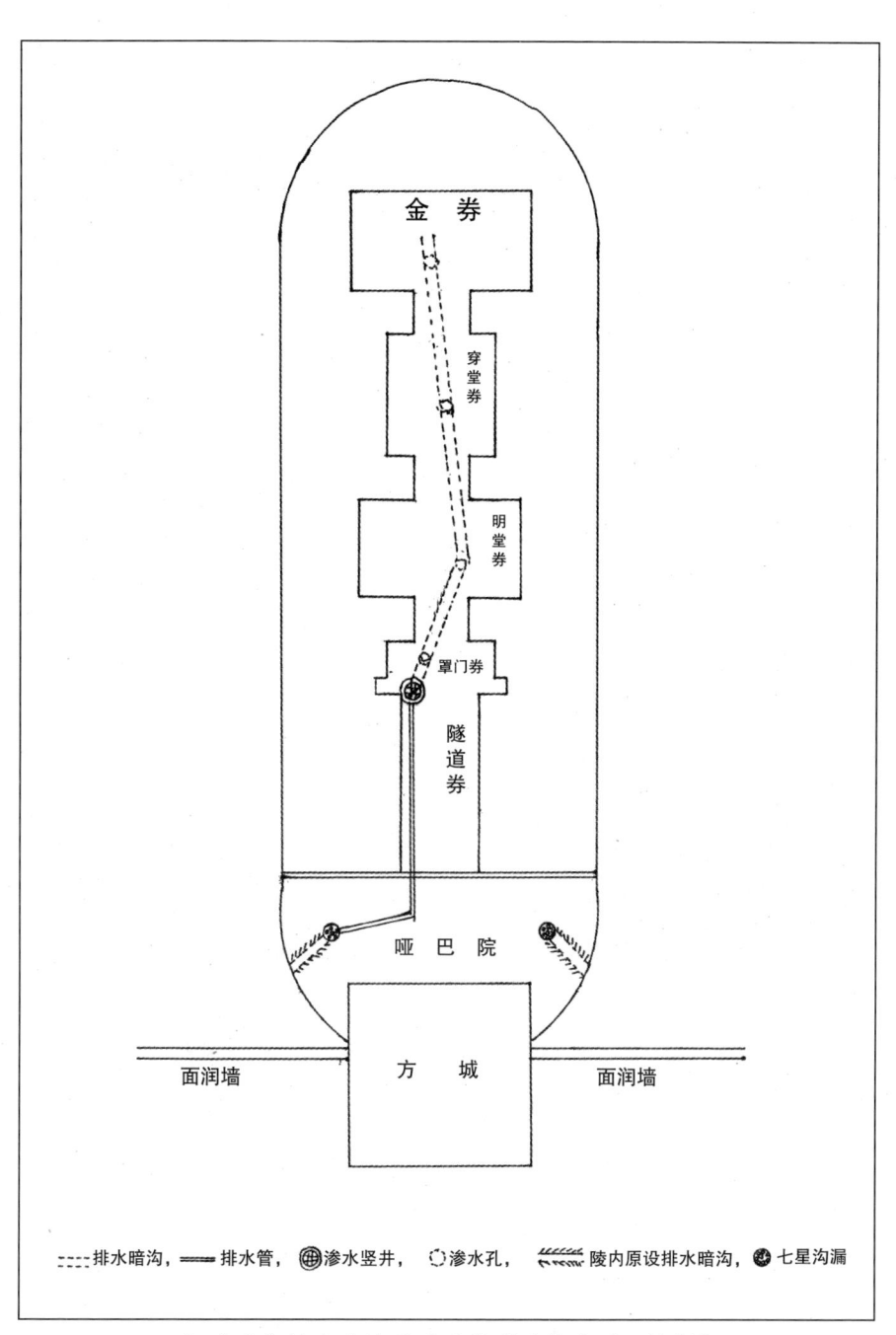

第十五章 揭开清朝皇帝陵地宫的神秘面纱

裕陵地宫排水系统平面示意图（徐广源 绘制）

法在当年就发挥了重要的作用，四十多年来裕陵一直使用这种方法排水。

安装照明设施

地宫里的灯光照明设施是请当时驻遵化捣药口机场的中国人民解放军空军部队的电工帮助设计安装的。他们技术高超，为了不影响观瞻，在不破坏文物的前提下，把一种高质量电线小心翼翼地嵌入地宫墙壁的缝隙中，再用石灰抹平，表面上看不出丝毫的痕迹。这些照明设施直到现在还在使用。

裕陵地宫入口处

第十五章 揭开清朝皇帝陵地宫的神秘面纱

从地宫清理出了哪些珍宝

1928年，孙殿英的盗陵匪军在掠取葬宝时，由于心理上的慌乱，加之照明条件不好，使得一些散碎文物及饰件没有被完全掠走，而遗漏下来。尽管后来地宫又经历了多次扫仓，但仍有一些散碎细小的文物劫后余存，其中有的是完整的，有的只是碎小饰件，有的叫不出名来。它们都是从地宫灰浆和垃圾中细细筛淘出来的，主要有以下这些：

纯金制品有累丝金龙、金荷花、金团花、金簪、金耳环、金戒指、

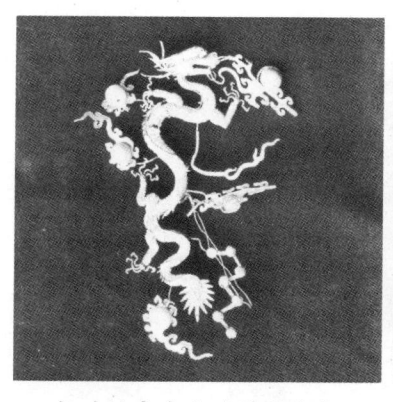

裕陵地宫出土的累丝金龙　　裕陵地宫出土的金花蝈蝈

285

金簪　　　　　　　金鼻烟壶

金花蝈蝈、金桃、金帽顶托、金磬等。

金鼻烟壶一件，白玉盖，兽头钮。

镀金铜佛一件，已残破变形，锈迹斑斑。

镀金铜锁九件，其中有的有残缺，八件锁身刻龙，一件刻凤。

册宝箱上的镀金铜折叶、镀金铜提手。

小铜爵一件，有锈迹，残损。

大小珍珠三百余颗，个别有残破。

珊瑚珠一百颗，均已失去光泽。

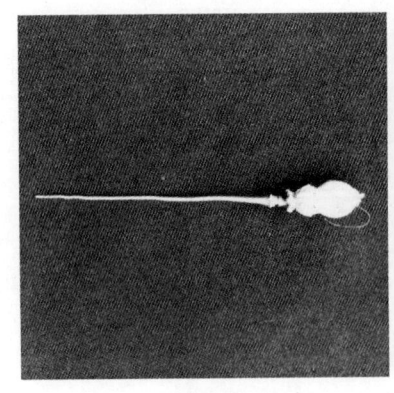

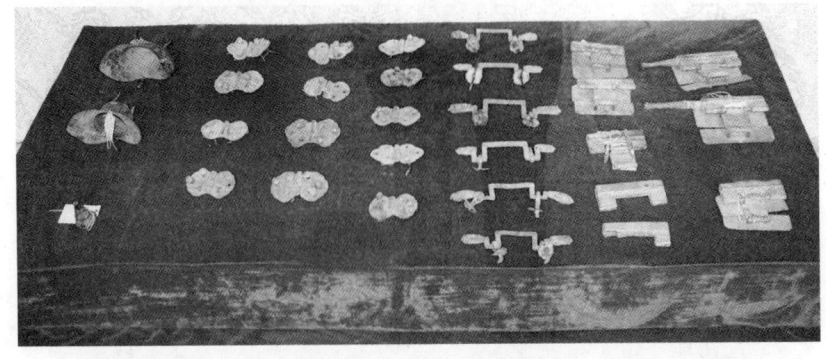

裕陵地宫出土的部分铜锁、铜折叶、铜提手、铜爵、铜佛等

第十五章　揭开清朝皇帝陵地宫的神秘面纱

琥珀珠八颗，表面有残损。

青金石珠四颗，有部分残损，失去光泽。

大小猫眼石九块，个别有残损。

玉镯、玉人、玉蝉、玉葫芦、玉兔、玉狮、玉鱼、玉簪、玉瓶各一件。

碧玉方坠一件，一面刻山水人物，另一面有诗句"涧畔松常翠，溪边石自斑"。方坠顶部尚保存半截玉环链。

松石珠、松石坠、碧玉坠、蓝宝石坠、绿玉石坠、钻石、蓝白红宝石等，件数不等。

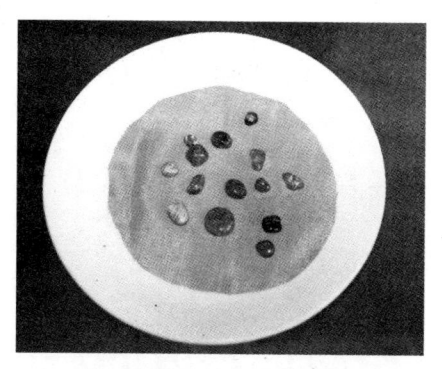

裕陵地宫出土的猫眼石等

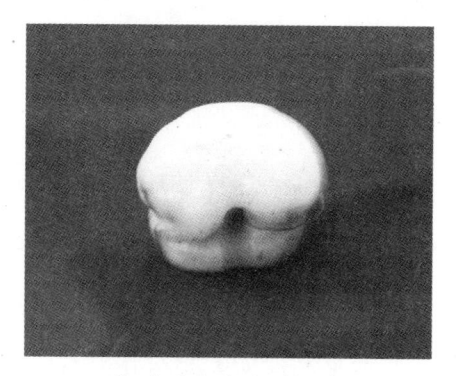

裕陵地宫出土的玉兔

另外还有一些实在不成形的残珠碎件。

这些残存的文物及饰件，质地珍稀名贵，做工精湛高超。可以推想，被盗走的大量随葬物品当何等精美、珍奇！

裕陵建于乾隆盛世，乾隆帝又好大喜功、追求完美，地宫葬人又多，所以裕陵地宫的随葬品不仅数量多，而且在精美程度和价值上，在清朝皇陵中应该是空前绝后的。

裕陵地宫内的石柱是建陵时原有的吗

我们游览裕陵地宫时会发现,前三道石门的门口都支顶着四根巨大的四棱柱形的石柱。每道门的门槛内、门槛外各两根,三道石门共支顶了 12 根石柱。这些石柱原来建地宫时就有吗?

原来初建地宫时,并没有这些石柱,都是后来支顶的。其中第一道石门门槛外面的两根石柱在 1975 年开启地宫时就已支顶上了。在

裕陵地宫第一道石门支顶的石柱　　第一道石门上门槛和过梁上的裂缝

第十五章　揭开清朝皇帝陵地宫的神秘面纱

第三道石门过梁上新出现的裂缝

嘉庆四年（1799），乾隆帝梓宫入葬地宫之前，有关大臣就发现第一道石门的上门槛有两道裂缝，马上奏报给了嘉庆帝。面对如此严重的险情，嘉庆帝绝不会放任不管，一定会采取措施、支顶石柱的。只是现在还未找到支顶石柱的文字记载。这两根石柱间距103厘米，而乾隆帝的棺椁宽则有154厘米，所以石柱只能在乾隆帝棺椁入葬后才能支顶。

裕陵地宫自1978年对外开放以来，接待了数百万游人，后来在地宫值班的工作人员发现头道石门上门槛及过梁枋上的原来的裂缝有增大的趋

1989年又支顶了10根石柱

289

势，而且同时发现第二、第三道石门的上门槛、过梁枋上也出现了程度不同的裂缝。为了保护地宫，免遭不测，清东陵文物管理处（原清东陵文物保管所）把这些严重情况及时上报给了上级文物主管部门，要求尽快采取支顶石柱的方法予以保护。上级文物主管部门很快就批准了。清东陵文物管理处古建队于1989年12月18日至20日，又在第一道石门门槛的内侧顶上了两根石柱。在第二、第三道石门各支顶上了4根石柱，这次共支顶了10根石柱。加上原来的2根石柱，裕陵地宫共支顶了12根石柱。自支顶上了10根石柱以后，三道石门上门槛的裂缝得到了有效控制。

可以设想，如果裕陵地宫不打开清理并对游人开放，也就发现不了三道石门的上门槛的裂缝，因而也就得不到及时的保护，其后果不堪设想。所以比裕陵早建67年的景陵地宫，既然已经被盗了，就应该尽快进行清理，如果发现有隐患，也便于及时采取保护措施。

裕陵地宫有四道石门，为什么最里面的第四道石门没有支顶石柱呢？原来第四道石门的上门槛和过梁枋都是铜铸的，没出现裂缝，所以没有必要支顶石柱。

第十五章　揭开清朝皇帝陵地宫的神秘面纱

裕陵及地宫初次开放时的盛况

裕陵及地宫是在1978年1月29日对游人开放的。尽管事先没有召开新闻发布会，也未在报纸、广播电台、电视上做任何宣传，但裕陵及地宫开放的消息就像一股强劲的春风，迅速传播开来，人们奔走相告，相互传播。

为了让广大游人能亲眼看到地宫的出土文物，在地宫开放之前，清东陵文物保管所宁所长让笔者设计了两个展橱，由木工组专门打制。笔者亲手精选了裕陵地宫的出土文物，如金龙、玉镯、玉蝉、猫眼石、宝石、珍珠等，摆在了展橱内，外面罩上玻璃，将两个展橱分别摆放在乾隆帝棺椁两旁的空棺位上。

1978年2月7

乾隆帝的棺椁两旁各摆了一个展橱

日是农历的正月初一日，正是春节。多年来，每逢春节，来参观的游人并不多，人们都在家里过春节，陵里只是多了些当地村民和小孩子。清东陵文物保管所的领导和职工认为这年的春节也会和往年春节一样，游人不会增多，因此没有做任何准备。没想到正月初一这天刚八点多钟，来自各地的游人就络绎不绝地涌向了裕陵。宁所长感到了事情的急迫性，马上下令古建队师傅们、财务人员、机关食堂的管理员和大师傅以及后勤其他人员全部充实到第一线各个岗位协助工作，维持秩序。同时还摆设了许多小摊出售《清东陵简介》。为了确保安全，宁所长还联系了东陵派出所协助维护旅游秩序。到了中午，裕陵前小碑楼周围的偌大广场上，人如潮水，熙熙攘攘。那天游人竟有1.5万人之多，是往常的几十倍。由于人太多，抢着买票，售票口的玻璃被挤碎了；隆恩门的检票口拥挤不堪，票检不过来，游人竟一拥而进，并发生了踩踏事件，值班的警察制止不住，只得朝天鸣枪示警。由于当时裕陵隆恩殿和东西配殿里未举办任何展览，不能留住和分流游人，游人进陵后，都直奔地宫，致使地宫里的人数饱和，地宫里的人出不来，外面的人进不去；许多游人被挤上了棺床，挤到了棺椁缝中。两个展橱犹如大海波涛中的一叶小舟，随时都有被挤翻和玻璃被挤碎的危险，一旦文物被抢、丢失，其后果不堪设想。在地宫里值班的工作人员什么也不顾了，全力以赴保护展橱里的文物。她们死命地紧紧抱着展橱，防止被推倒、挤坏，幸好展橱及文物安然无恙。有了这次教训，很快就撤掉了地宫内的展橱，改到裕陵神厨库展出了。

这天下午下班清点地宫时，被挤丢的游人鞋捡了一箩筐。随地都可看到被挤掉的纽扣。在一线值班的职工人人都喊哑了嗓子。好不容易下

第十五章　揭开清朝皇帝陵地宫的神秘面纱

班了,他们拖着疲惫不堪的身体,到宿舍就躺在了床上。

第二年(1979)2月17日,清东陵又打开了慈禧陵地宫,于同年的4月8日对游人开放。清东陵再一次掀起了旅游高潮。裕陵地宫是我国开放的第二座皇帝陵地宫,是开放的第一座清朝皇帝陵地宫。慈禧陵是我国开放的第一座皇后陵地宫。乾

慈禧陵地宫

2016年徐广源看望了80岁的谢久增先生(右)

隆皇帝和慈禧皇太后都是清朝著名的人物,所以两座陵的地宫开放,极大地推动了我国的旅游事业,也使清东陵的知名度空前提高,旅游收入也比以前大幅度增加。

东陵地宫的清理和开放,给了清西陵极大的启发和提醒,清西陵的工作人员非常羡慕东陵地宫的开放,于是学习清东陵,也向国家文物局提出要打开陵寝地宫。先是打开泰陵,由于发现地宫未被盗,被迫终止。最后打开了崇陵地宫,于1980年8月1日对外开放。后来清东陵又先后清理了容妃(香妃)地宫和纯惠皇贵妃地宫,于1983年5月1

乾隆帝陵：大清陵墓解密

日同时开放，再一次推动了清东陵旅游事业的发展。

可以设想，如果谢久增先生当年不提出打开裕陵地宫的大胆想法，不锲而不舍地坚持向各级领导反映情况，不强烈要求打开裕陵地宫，而是坐吃山空，干等着上级主动下指示打开地宫，恐怕到今天的2023年，一座地宫也不会清理开放。所以说谢久增先生是清东陵旅游事业的先驱和功臣！

这是裕陵地宫开放几个月后，新华社发的"裕陵地宫正式对外开放"的消息

第十六章　未解之谜

　　裕陵自1978年开放以来，到现在（2023）已经40多年了，研究陵寝的专家也不少，但裕陵至今仍有许多未解之谜。比如，地宫为什么会有香气？孝仪皇后的遗体为什么153年不腐烂？地宫雕刻的佛像都开光吗？等等。随着档案的不断发现及研究的深入，这些谜有的可能解开了，也有的恐怕成了难解之谜。

裕陵飘香

昭梿是乾隆、嘉庆年间的礼亲王，他精于清朝典章制度，是一位史学家。《啸亭杂录》是昭梿的名著。在这部书卷八中有一节《裕陵闻香》，记载了裕陵地宫曾有香气散出的事。昭梿是听当时的刑部侍郎永祚讲的。永祚在任工部司员时，曾督办过乾隆帝的入葬事宜。刚打开地宫的大门时，他闻到一股异香从地宫隧道里飘散出来，"清芬可爱"，一直过了好几天才渐渐地消失。

当时，地宫里已葬了孝贤皇后、孝仪皇后、慧贤皇贵妃、哲悯皇贵妃、淑嘉皇贵妃，其中3人已入葬47年之久了。孝仪皇后也葬入地宫23年了。地宫里为什么会有香气散出？是真的还是假的？直到现在还是一个谜。

第十六章 未解之谜

为什么不遵乾隆帝遗嘱建圣德神功碑亭

裕陵之前的永陵、福陵、昭陵、孝陵、景陵、泰陵的神功圣德碑亭内的顶部都是格井天花，就是用木条做成横竖许多"井"字形的方格子，每个格子嵌入一块正方形的木板。木条叫天花支条，方木板叫天花板。无论支条还是天花板都彩绘着各种图案。整个建筑的天花都是用木料做的，天花板都是平的。

乾隆帝70岁以后，认为自己功高盖世，超越千古。因此，他志得意满，自称"古稀天子""十全老人"。他知道自己死后，他的儿子会给自己修建圣德神功碑亭。于是在乾隆五十二年（1787），也就是乾隆帝77岁那年，他颁谕说，将来我百年之后，在胜水峪陵寝建立圣德神功碑亭

明长陵神功圣德碑亭内部的券顶是用条石发券的

297

时，要仿照新修缮的明朝长陵神功圣德碑亭的式样，采用条石发券的做法。我的碑亭规模大小不可超过皇祖康熙皇帝的景陵圣德神功碑亭。

在裕陵之前，清朝已建了9座神功圣德碑亭，除永陵四座碑亭无天花外，其余5座都是木制的格井天花，乾隆帝为什么不沿用以前传统的规制，而对明长陵的碑亭式样大感兴趣呢？原来，在乾隆五十年到五十二年（1785—1787），清政府对明十三陵进行了一次大规模全面修缮，将长陵神功圣德碑亭、长陵明楼、献陵明楼、景陵明楼、裕陵明楼、茂陵明楼、泰陵明楼、康陵明楼、昭陵明楼、庆陵明楼、德陵明楼原来的木制的格井天花全部改成了用条石发券。这种做法不但坚固耐久，而且防火，比清陵的圣德神功碑亭的木制格井天花好多了，乾隆帝很是欣赏。所以乾隆帝才决定将来自己的圣德神功碑亭要采用条石发券的形式。

乾隆帝在这道谕旨发出12年以后，就离开了人世。不久，新即位的嘉庆帝决定为其父建圣德神功碑亭。但是出人意料的是，嘉庆帝并没有遵照其父乾隆帝的谕旨，仿照明长陵碑亭式样用条石发券成造，而是仿照康熙帝景陵的圣德神功碑亭式样，仍采用木制的格井天花形式。裕陵圣

裕陵圣德神功碑亭仍为木制的格井天花

德神功碑亭于嘉庆六年（1801）兴工，到嘉庆八年（1803）竣工，其规制与景陵圣德神功碑亭一样。

嘉庆帝为什么不遵照他父亲的谕旨建圣德神功碑亭呢？难道他不知他父亲的谕旨吗？不知道是不可能的。因为皇帝的谕旨都有详细记载，装订成册，供以后的皇帝查阅。即使皇帝一时忘了，大臣们也会提醒的。那到底是什么原因，现在还是一个谜。

裕陵圣德神功碑亭及华表

乾隆帝陵：大清陵墓解密

圣德神功碑亭为什么不在中轴线上

中国古代建筑布局的重要特点之一就是中轴对称。比如北京城，永定门、正阳门、大清门、紫禁城、景山的万春亭、地安门、鼓楼、钟楼为北京的中轴线，午门、太和门、太和殿、乾清宫、神武门等都建在北京城的中轴线上。清朝皇帝陵的圣德神功碑亭、神道碑亭、隆恩门、隆恩殿、方城、明楼、宝顶等主要建筑也都建在陵的中轴线上。皇后陵和妃园寝的主要建筑也都遵照这个做法。这是每一个人都知道的常识。

裕陵地面建筑的朝向是壬山丙向，陵前是以金星山为朝山的，也就是说如果将裕陵的建筑中轴线向南延伸，就会直达金星山。所以裕陵的宝顶、明楼、石五供、二柱门、

裕陵圣德神功碑亭不在陵寝的中轴线上，偏东了

300

陵寝门、隆恩殿、隆恩门、神道碑亭、牌楼门、圣德神功碑亭等都应该建在中轴线上。

可是我们在裕陵牌楼门的北面，站在明间的神路正中向南

裕陵圣德神功碑亭偏离了中轴线

眺望，就会发现裕陵的圣德神功碑亭明显不在中轴线上，而是向东偏离了。这是为什么？是工程的失误还是有意而为？

在乾隆帝驾崩后的当年，嘉庆四年（1799）十一月初六日，嘉庆帝发布谕旨，决定为他的父亲乾隆帝建圣德神功碑亭。建圣德神功碑亭的第一步就是先确定碑亭的准确位置和方向。嘉庆帝命文华殿大学士董诰、礼部尚书德明、工部左侍郎明安前往东陵，会同东陵守护大臣绵亿、弘谦和马兰镇总兵官兼东陵总管内务府大臣成林，带着钦天监博士吴济川到裕陵现场相度建碑亭的位置和方向。经过反复认真相度，确定在裕陵五孔拱桥南77丈9尺神路正中的地方，方向是亥山巳向。这明显与裕陵的方向不一致。因此，裕陵圣德神功碑亭偏离中轴线，出现了我们看到的那个现象。

董诰、德明、明安都是当时的朝廷重臣，学识渊博，才华横溢。这点浅显的道理他们不会不知道吧？那为什么偏要这样做，也许有其中的道理。所以说裕陵圣德神功碑亭为什么偏离中轴线，现在还没有一个令人信服的解释，还是一个谜。

孝仪皇后的尸体为什么 153 年不腐烂

一个人入葬后，过了 153 年（1775—1928），遗体不腐烂，还有弹性，面带微笑，谁也不会相信。可是在清东陵的裕陵地宫里居然就发生了这样匪夷所思的奇事、怪事。

1928 年 7 月，军阀孙殿英盗掘了裕陵、慈禧陵之后，寄居在天津张园的清逊帝溥仪，派宗室遗臣载泽、耆龄、宝熙、陈毅等人到东陵进行善后处理，将被抛出的遗骨重新进行了简单殓葬。他们在清理裕陵地宫时，在正面棺床西边的两棺之间，发现了一具女尸。请看这些

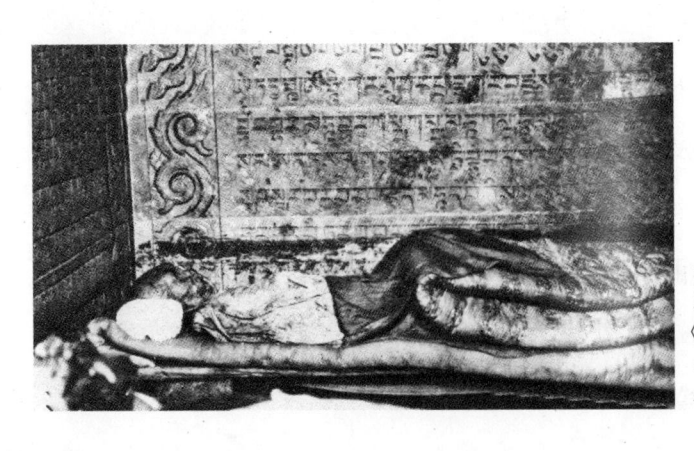

未腐烂的孝仪皇后遗体（照片刊登在《良友画报》1928 年第 49 期第 31 版 褚葆蘅摄）

第十六章 未解之谜

参与善后的清朝宗室后裔和遗臣在他们的日记中都是怎样记述的：

《耆龄日记》载："午后得报，于两棺之间寻得女体一，身着明黄龙袍。又于侧近拾得绣凤黄靴二，面目可辨，年约六十余，牙齿存一二，耳环尚在，不知是后是妃。"

《宝熙日记》载："午后于石床西边两棺之间，发现后妃玉体一，幸未损伤脱失，即饬妇人置黄绸木板于侧，陈缎褥于其上。徐由石床泥中请起，安放于板，再以黄绸护之，缎被覆之，暂安于石床西隅。敬审其貌，颊多皱纹，齿未全脱离，似五六十岁人。而皮骨俱存，丝毫未腐，笑容圆相，有如古佛，诚异事也。""为后为妃，未敢遽定。榕生于其旁捡有绣凤明黄女朝靴一，用水濯之，颜色尚未霉败。"

《陈毅纪事诗注释》载："十五日，于石床西两棺之间，觅得祎服玉体一躯，毫无损伤，龙绣虽黯旧犹完好。足下有绣凤黄靴二，着一落一，耳缀环珥犹存，惟发似被拔脱者。敬审其年貌，既齿未全堕，又颐颊略有皱纹，殆在五十以上。"

徐榕生《东陵于役日记》载：

徐榕生《东陵于役日记》中关于不腐女尸的记载

"忽于地宫西南隅两棺之间衾裯之下，觅得后妃玉体一，身着宁绸云龙袍，已一百四五十年之久，面目如生，并有笑容，年约五十岁，耳环尚在。一足着绣凤黄缎朝靴，又于侧近拾得一靴一袜，以水濯之，靴之花纹与着足者同。袜亦有花，不知是后是妃也。"

郝省吾《探地宫记》载："惟一妃尸体尚俱，皮肤既存，鼻目均好，耳际且钳耳环（约豆粒大），足御绣花靴，底高寸许，与其他五尸，仅余骨块者迥别。不审百数十年同葬一室之中，何以奇异若此。此则须待生理学家之判评，殊有研究之价值。"

综合以上这些人的记载，表明这具女尸身穿黄色龙袍，皮肉完好无损，丝毫没有腐烂。两腮和嘴下多皱纹，牙齿没有完全脱落，面目如生，笑容可掬，年龄约在50岁。

裕陵地宫葬有5个女人，即孝贤皇后、慧贤皇贵妃、淑嘉皇贵妃、哲悯皇贵妃和孝仪皇后，这具女尸是哪一位呢？

孝贤皇后死于乾隆十三年（1748），卒年37岁，其棺椁位于乾隆帝棺位的东侧。不仅年龄不符，与发现女尸的位置也不相符。盗陵匪徒不会把孝贤皇后的尸体从乾隆帝棺位东边抬到西边，放在两棺之间的。以此来看，此女尸不会是孝贤皇后。

慧贤皇贵妃死于乾隆十年（1745），卒年30岁左右。棺椁在孝贤皇后棺椁的东边。从年龄和棺位上看，不会是慧贤皇贵妃。

哲悯皇贵妃早年入侍高宗潜邸，在乾隆帝即位前两个月病逝，卒年20岁左右。在年龄上与女尸不符。

淑嘉皇贵妃死于乾隆二十年（1755），卒年43岁，其棺椁在西侧垂手棺床上，从年龄和棺位上分析，也不会是淑嘉皇贵妃。

第十六章 未解之谜

孝仪皇后是嘉庆帝的生母，死于乾隆四十年（1775），卒年49岁。她是这5位女性中年龄最大的，也是与女尸年龄最接近的。孝仪皇后的棺椁位于乾隆帝棺椁的西侧，哲悯皇贵妃棺椁的东侧。盗陵匪徒为了拿取棺内宝物方便，往外抬尸体时，自然会顺手放在西边第一棺与第二棺之间的空隙里，而女尸正是在这两棺之间发现的。以此推断，此女尸就是孝仪皇后。

溥仪派去东陵善后的大臣和皇室成员经过分析考证，都一致认为这具未腐女尸是孝仪皇后。

既然知道女尸是孝仪皇后了，问题也就来了：同是女尸，为什么那4具女尸都烂了，而这具女尸不烂呢？地宫里葬了6个人，有比她早葬的，有比她晚葬的，为什么唯独这具尸体不腐烂？

关于女尸不腐的事，社会上有许多猜测，有的说孝仪皇后去世后大殓时采取了防腐措施，尸体内灌了水银等。孝仪皇后去世时还是一名皇贵妃，大殓、入葬时是完全按皇贵妃的标准办的。如果对她的遗体采取了防腐措施，比她地位高的乾隆帝和孝贤皇后更要采取防腐措施，而且只能比她的措施更完备、更周到，而与她同级的那三位皇贵妃也必然要采取和她一样的防腐措施。既然都采取了防腐措施，为什么单单孝仪皇后的遗体不腐烂呢？况且，清朝皇家并不刻意追求地宫和棺椁的密封，也不注重尸体的防腐。在几十年的清朝后妃研究中，从未发现有采取防腐措施的记载。

还有的人说孝仪皇后死前可能多日没有吃食物，或者身体大量脱水，所以不腐烂。且不说没有发现记载孝仪皇后去世前得的是什么病，以及她死前是否多日不吃东西，身体脱水的档案。退一万步说，

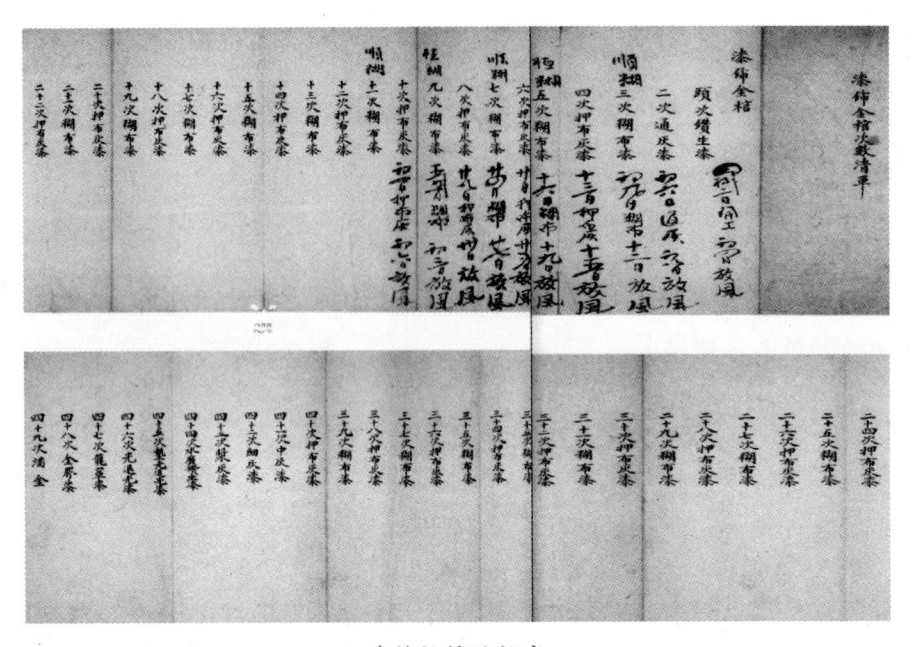

漆饰棺椁的档案

就算她死前真的多日不吃东西，身体大量脱水，难道就能保证遗体153年不腐烂吗？就是一块木头也要糟朽了，就是一块铁也会严重锈蚀的，更何况是人的肉体呢！所以空腹、脱水之说也是不可信的。

还有人说清朝帝后妃的棺椁漆饰多层漆，是密闭的，与外界隔绝的，所以尸体不腐。按清朝棺椁制度，皇帝、皇后棺椁漆饰49道漆，皇贵妃棺椁漆饰35道漆，贵妃以下漆饰15道漆。这多层漆，当然在密封和防腐方面起到了一定的作用，还有另一个作用，是表示死者的地位和尊贵。在漆饰之前，棺椁不是真空的，漆饰时把一部分空气留在了棺内。况且，即使漆饰多道漆也难以保证棺内绝对真空，这就难以保证尸体不腐。孝仪皇后入葬时，使用的是皇贵妃的棺椁，漆了35道漆。乾隆帝和孝贤皇后的棺椁漆饰了49道漆，但尸体都腐烂了。

那三位皇贵妃的棺椁也都漆饰了35道漆，为什么单单孝仪皇后的尸体不腐？所以棺椁漆饰之说也说不通。

还有人说，棺椁葬入地宫后，关闭石门，填平隧道后，地宫就是一个十分严密的真空环境，所以尸体不腐。如果真是这样，地宫内所有的尸体都应该不腐烂，为什么单单孝仪皇后的尸体不腐烂呢？

帝、后、妃死了，少则停灵数月，多则数年才入葬。况且那些先葬入皇帝陵地宫的后、妃，即使葬入了地宫，石门也不关闭，地宫入口也不封堵填平，只是在地宫口做一个木门，等待皇帝入葬。比如孝贤皇后死于乾隆十三年（1748），到乾隆十七年（1752）才葬入地宫，47年以后的嘉庆四年（1799）乾隆帝入葬后才将地宫关闭、封掩。淑嘉皇贵妃在乾隆二十年（1755）去世，乾隆二十二年（1757）入葬，嘉庆四年（1799）关闭地宫石门，填平隧道。所以这些后、妃的尸体在地宫封掩前就已经腐烂了。孝仪皇后于乾隆四十年（1775）入葬，到嘉庆四年（1799）九月十五日才关闭地宫石门，填平隧道，其棺椁在长达24年的时间里保存在充满空气的空间里。到1928年孙殿英盗陵，其间长达153年，尸体居然不烂，面目如生，至今也没有一个令人信服的解释。所以孝仪皇后的尸体为何至今不腐，到目前为止还是一个未解之谜。

棺椁为什么会移动

　　裕陵地宫里的皇帝、皇后、皇贵妃的棺椁的每一个角都用一块龙山石固定着。龙山石从外侧看是长方体，但截面却是L形的。龙山石有竖

慧贤皇贵妃金棺

槽和横槽。横槽压住榫的下横边，竖向凹槽卡住榫的竖棱。龙山石的底部有一个榫，头大根细。棺床上有一个似"凸"字形的孔，榫从较宽的孔处插入后，向较窄的方向一推，再用一块方形石块将较宽的口堵平。这样棺椁既不能前后左右移动，也不能升起，龙山石就把棺椁牢牢地固定在棺床上了。

1928年，军阀孙殿英盗掘裕陵时，匪徒们顺利地打开了前三道石门，可是第四道石门却无论如何也打不开了。他们无计可施，一气之下，便动用炸药，炸坏了第四道石门，才得以进入金券。他们进入金券后发现，原来是一口巨大的棺椁在后面顶住了第四道石门。后来考证才知道，这口棺椁就是乾隆帝的棺椁。

乾隆帝的棺内除尸体外，装满奇珍异宝，异常沉重，加之又有龙山石的固定，棺椁不可能移动。裕陵地宫中的6具棺椁，以乾隆帝的为最大、最沉。棺椁怎么会移动呢？实在匪夷所思！

龙山石是何时锔上的

龙山石是固定棺椁的石构件，位于棺椁的四角。裕陵地宫的龙山石浮雕着龙、云和海水江崖图案。因此每一块龙山石都是十分精美的石雕作品。

然而令人意想不到的是，孝贤皇后梓宫东南角的龙山石居然是残破的，上面有一道斜裂缝，使其裂成了两块，于是就用四个铁锔子将两半连在了一起，裂缝和锔子处抹上了石灰和石粉作假，使人看不出来。

龙山石并不是建陵寝地宫时就做好了的，而是在帝、后、妃去世后，确定了葬位后才做龙山石的。为什么不提前做呢？因为不同身份的人所用的棺椁大小是不一样的。在做龙山石的同时，要把棺床上的龙山石的榫孔凿出来。只有在帝后妃入葬后，确定了棺椁的摆放位置，才能知道在哪个位置凿榫孔，才能知道榫孔之间的距离。

孝贤皇后是在乾隆十七年（1752）十月二十七日辰时葬入裕陵地宫的。很可能石匠在制作龙山石时，不小心使龙山石出现了裂缝。重新制作已经来不及了，石匠，也可能是工头，用瞒天过海的方法，偷偷将裂

第十六章 未解之谜

孝贤皇后棺位东南角的龙山石有裂缝，外面用了三个铁锔子

龙山石背后还有一个锔子

缝用铁锔子连接起来，然后抹上石灰，表面涂上石粉，不认真细看，根本看不出来。尽管孝贤皇后入葬时，乾隆帝曾两次进入地宫阅视，但他不可能查看每一块龙山石，关注的重点是地宫内雕刻的佛像、经文。更何况棺椁入葬时，大臣、官员、差役、工匠很多，地宫里只靠蜡烛照明，光线很暗，没有人会细察看龙山石，所以就蒙混过关了。乾隆帝入葬后，关闭了石门，填平了隧道，就更没人知道这件事了。不知从什么时候开始，裕陵地宫里出现了大量渗水，龙山石长年累月地浸泡在水中，这种水里又含有大量石灰，具有很强的腐蚀性，所以，抹饰的石灰和石粉脱落了，露出了石缝和铁锔子，这才发现了这一作弊事件。

这块龙山石到底是何时裂的缝？是谁作的假？具体情况如何，看来也已成为难解之谜。

裕陵地宫为什么渗水

前面已经讲了，乾隆十七年（1752）孝贤皇后入葬之前，裕陵地宫里曾出现过渗水的情况。乾隆帝命有关大臣采取紧急措施进行补救，很快就排除了渗水。一直到嘉庆四年（1799）九月十五日乾隆帝入葬地宫，在长达47年的时间里，裕陵地宫里再也没有渗过水。这说明上次的排水措施很成功，行之有效。

乾隆帝入葬后，从嘉庆四年（1799）九月十五日起，又过了129年，到了1928年孙殿英盗陵，清皇室的载泽等人在东陵处理善后事宜时，发现裕陵地宫里的积水有四五尺深。从墙上的水痕看，水最深时竟达五六尺。现在，自1978年开放以来，每到淫雨连绵的夏季，裕陵地宫里都有大量渗水，一天不抽水，就积水尺余，几天不抽水，则水可没膝盖。

令人不解的是，自从嘉庆四年（1799）乾隆帝入葬地宫以后，裕陵地宫是从什么时候开始渗水的，是什么原因导致再度出现渗水的，我们至今也不知道。

第十六章 未解之谜

经文、佛像之谜

　　裕陵地宫里雕刻的经文、佛像布满了地宫各券的券顶、平水墙、月光石。地宫里不仅有众多的佛像，还有大量的经文，包括古印度文和藏文两种，其中古印度文有647字，藏文有29464字，合计30111个字。佛像中已知有八大菩萨、四大天王、五方佛、三十五佛等，但有的佛像具体是什么佛、叫什么名字，至今还不清楚，比如金券券顶有

金券东墙上的月光石上的八宝和佛像

三尊佛像、金券东西月光石上各有一尊佛像，各是什么佛？各叫什么名字？三十五佛各叫什么名字？现在还都不清楚。用两种文字雕刻的经文到底是什么佛经，我们也不清楚。

为了破解裕陵地宫的经文、佛像之谜，清东陵

裕陵地宫穿堂券东侧的佛像

文物保管所宁所长派谢久增和笔者专程赴北京，诚请当时的中国佛教协会会长、著名佛学大师赵朴初先生到东陵，破解裕陵地宫的经文、佛像问题。朴老看到裕陵地宫内到处布满佛教题材的图案雕刻和数以万计的藏、梵两种文字的经文、咒语雕刻后，感到十分震撼。他说几十年来他参观过无数的摩崖洞窟，但从来没有见过这样精美的雕刻。他从前到后，看得特别仔细。没想到这位博学多识的大学问家，对这些经文、佛像雕刻的内容竟未作出明确表态，可见裕陵地宫内的佛教文化何其精深！

裕陵地宫开放不久，十世班禅额尔德尼·确吉坚赞和他的经师洛桑曲培·桑达丹巴坚赞（又称恩久），也闻讯来到裕陵参观。他们在地宫里左看右瞧，也未能说出雕刻的是什么经文咒语和什么佛像。

所以裕陵地宫中的经文、咒语、佛像雕刻的是何内容，至今还没有完全解开，还是一个谜。

是否地宫里的所有佛像都要开光

清朝的陵寝制度,凡关内皇帝陵的地宫石门上都雕刻八大菩萨。裕陵地宫和昌陵地宫里还雕刻了许多的佛像。据惠陵监督延昌写的《惠陵工程备要》记载,惠陵地宫石门上雕刻的八大菩萨都是要开光的。

什么叫开光呢?开光,又称开眼、开明、圣住,就是将新的佛像、佛画放在佛殿、佛室时,替佛开眼所举行的仪式。《禅林象器》上说:"凡新造佛祖神天像者,诸宗师家,立地数语,作笔点势,直点开他金刚正眼,此为开眼佛事,又名开水明。"

佛教认为,只有开过光的佛像才具有宗教意义上的神圣性,才具有灵气,才具有法力,才能镇妖驱邪降福,才能接受佛教徒及信仰者的顶礼膜拜。

裕陵地宫文殊菩萨半身像

裕陵地宫四尊佛像

《惠陵工程备要》记载，惠陵地宫的八大菩萨要在陵寝建成之前开光。惠陵地宫只在石门上雕刻了八大菩萨，在其他地方则没有任何佛像雕刻。

但在裕陵地宫内，不仅雕刻了八大菩萨，而且还雕刻了四大天王、五方佛、三十五佛以及其他佛像。除八大菩萨开光外，其他的天王等佛像是否也要开光呢？那些位于券顶上的众多小佛像是否也都要开光呢？现在还没有找到任何有关这方面的记载，所以现在这件事还是个未解之谜。